www.ingramcontent.com/pod-product-compliance
Lightning Source LLC
Chambersburg PA
CBHW070355200726
48294CB00003B/925

الوصايا العشر

Author/Publisher
Khaled Homaidan

Toronto – Canada

Reference # CMC28/22
Phone: 1.647.977.6677 – 1.647.242.0242
E-Mail: cmcmedia@rogers.com

المجموعة الكاملة

(3)

الوصايا العشر

منشورات خالد حميدان
تورنتو – كندا

الطبعة الثالثة – 2022

خالد حميدان

الوصايا العشر

الطبعة الثانية ــ ٢٠١٢

Author: Khaled Homaidan - المؤلف: خالد حميدان

Publisher: Khaled Homaidan

Address: 58 Pinecrest St. Markham ON, L6E 1C2
    CANADA

Title: المجموعة الكاملة (3) الوصايا العشر

Language: Arabic – Reference #: CMC28/22

ISBN: 9781778198205

* * * * * * * * * * * * * *

تصميم الغلاف والإخراج للمؤلف

* * * * *

طبعة ثالثة منقحة ومضاف إليها
جميع الحقوق محفوظة

Phone: 1.647.242.0242

E-Mail: khaled.homaidan@gmail.com

المقدمة

عندما أعدت توضيب كتاب "الأبله الحكيم" في العام 2008 تمهيداً لإصدار الطبعة الثانية، خطر لي أن أجعله مختلفاً عن الطبعة الأولى. فأعدت كتابة المقدمة التي تصور لقائي بالأبله الحكيم، شخصية الكتاب الرئيسة . وعملت بتوجيهات الأديب الكبير الراحل ميخائيل نعيمة الذي كان قد تمنى علي في العام 1974 لو أنني وضعت الأبله في إطار فني يليق بالحكمة التي تتنزل من لسانه. وكنت قد وعدته بتنفيذ التمني (الوصية) في الطبعة الثانية للكتاب. ولم أكتفِ بإعادة كتابة المقدمة، بل أضفت فصلاً كاملاً يتحدث عن علاقتي بالأديب الكبير والمفارقات التي مرت معنا ورافقت إصدار كتاب "الأبله الحكيم" الذي كان باكورة إنتاجي الأدبي. وردت تفاصيل تلك المفارقات في مقدمة الطبعة الثانية . كما إنني أضفت قسماً ثانياً على الكتاب ضمنته بعض المقطوعات الوجدانية التي تتجانس مع المقطوعات الواردة فيه، كانت قد نشرت في أوقات ومناسبات مختلفة في المطبوعات التي كنت أصدرها في كندا من خلال المركز الاستشاري للإعلام، توزعت بين جريدتي "المستقبل" و"الجالية" ومجلتي "الصفاء" و"أضواء".

وبالرغم من أنني ضمنت الكتاب تلك المقطوعات الاضافية إلا أنني لم أكن راضياً عما فعلت. وقبل أن أسلمه إلى المطبعة، عدت وفصلت القسم الثاني عن الكتاب، لاقتناعي، بما لا يقبل الشك، أنه من غير المناسب جمع أي شيء آخر مع مضمون "الأبله

الحكيم". وهكذا أصبحت لدي مجموعة من المقالات تحتاج إلى كتاب يضمها، فكان الكتاب الذي بين أيديكم بعنوان "الوصايا العشر".

أما التسمية فقد استعرتها من عنوان إحدى المقالات التي تضمنتها تلك المجموعة، وهي عبارة عن وصايا أب لابنه كنت قد وجهتها إلى ولدي "ضياء" قبل بلوغه الثامنة عشر بأيام قليلة. وفي الواقع، أردت من خلال هذه الوصايا مخاطبة ليس "ضياء" وحسب، بل كل شباب جيله وجيل شقيقته "ديالا" الذين يعبرون العمر ويكبرون من دون أحلام الطفولة، وقد جعلت منها عنواناً لهذا الكتاب تسمية الكل باسم الجزء. هذا وقد أضفت على الكتاب في طبعته الثانية بعض المقطوعات كنت قد كتبتها بعد صدور الطبعة الأولى..

الإهداء

●

إلى الحبيبين "ضياء وديالا" وكل شباب جيلهما، أهدي هذه "الوصايا العشر".

علها ترسم معالم الطريق وتضيء لهم الآفاق إلى مستقبل كان لنا حلماً لم نبلغه..

خالد حميدان

الوصايا العشـر..

في الثالث والعشرين من شهر كانون الثاني 1998 بلغ ابني "ضياء" سن الثامنة عشر، وكان أن وصلتنا رسالة من إدارة مدرسته قبل أيام قلـيلة من بلوغه سن الرشد القانونية يعلموننا فيها عن بعض التغييرات التي ستطرأ بعد هذا التاريخ وأهمها أنه لن يكون لنا الحق بالاطلاع على سير دراسته أو السؤال عن سلوكه وعلاماته وبالتالي 'ن يصلنا بعد اليوم البريد المعتاد الذي يتلقاه عادةً أولياء الطلبة من المدرسة.

وكأن إدارة المدرسة أرادت أن تنبّهنا إلى أن العلاقة التي كانت قائمة فيما بيننا وبين ولدنا طوال ثمانية عشر عاماً، قد توقفت عند هذا الحد. ولن يكون لنا حق التدخل أو المراجعة إلا بإذن موقع منه، هذا إذا وافق هو أن يطلعنا على الأمر..

صدمة.. لا شك وأنها صدمة رغم أنها الحقيقة، والحقيقة تصدم في أغلب ظروفها وتفعل فعلها في النفس، ولكنها ترسو في النهاية في أعماقك كجزء لا يتجزأ منك لأنها القدر الذي لا بدّ منه.

وفي الوقت الذي كانت فيه الصدمة تحفر لتجد مكانها في داخلي، كانت تراودني أفكار أخرى.. ماذا عساي أهدي ولدي الوحيد في يوم بلوغه الثامنة عشر، في وقت تتجاذبني فيه صدمات أخرى:

الحنين إلى الوطن وأهل الوطن الذي ينهش بهم القلق والتشرذم.. التأرجح بين أنياب التنين في غربة لا تهدأ ولا ترحم، وفي مجتمع لا يصبّح فيه ولا يمسّي إلا "مندوب المبيعات".. تلك وحدها هي القيم الباقية التي تجد لها سعراً في السوق..!

وخطرت الفكرة في أن أهدي "ضياء" بعض الوصايا عله يطالعها ويستوعبها قبل أن ينضج الرفض في رأسه "عملاً بتوجيهات المدرسة" والمجتمع الذي يعيش فيه. ربما أتغلب وأقضي على الصدمة قبل أن تتغلب هي عليّ.. وكانت هذه الوصايا العشر:

ـ **الوصية الأولى**: إياك يا بني وقول الحقيقة.. فالحقيقة تجرح وتؤذي الكثيرين من حولك. ولا أظنك تسعى إلى إيذاء الآخرين.. بل حاول دائماً أن تطلق المديح والتبجيل وأن تلجأ إلى المساومة والمواربة. ولا بأس إن كان فعلك هذا يسمّى كذباً. "فالكذب ملح الرجال"..

. **الوصية الثانية**: إياك والتواضع.. فالتواضع "يفقدك كل الفرص في الحياة"، وإن دلّ على شيء فعلى ضعف في شخصيتك.. لذلك أكثر من الادّعاء والتظاهر وحدّث عن نفسك أينما حللت، فإن أنت لم تُعلم الناس بما تتميّز به وتعلم، أهملك الجميع ولن يحدّث عنك بما فيك أحد..

. **الوصية الثالثة**: إياك والصمت وإلا وصفك الناس بالبلاهة لأن "الصمت والبلاهة توأمان". قل أي كلام وأكثر من التبجّح والثرثرة،

فقد ترضي نفسك عـٰى الأقل إن لم تجد من يستمع إليك ويثني على ما تقول..

. **الوصية الرابعة:** لا تحسن إلى الغير أو ترفع ظلماً عن مظلوم، لأن بفعلك هذا ستخلق لدى من أحسنت إليه مركب نقص لن يفارقه مدى العمر وستضطر حتماً إلى تلقي الإساءة والشر منه ولو بعد حين..

. **الوصية الخامسة:** لا تقدّم عطاء أو مساعدة إلى ضعيف، لأن في عملك هذا إنقاذاً ٰه من براثن الضعف وفيه يستعيد قوته. وليس من سبيل لاثبات عودة العافية إليه إلا برميك على الفور متى اشتد ساعده..

. **الوصية السادسة:** لا تصفح عن عدو أساء إليك بل "ردّ الكيل كيلين" وإلا نعتك انّاس بالجبن والتخاذل وتخليك عن الكرامة والشهامة..

. **الوصية السابعة:** إياك وأن تظهر المحبة في تعاملك مع الآخرين.. فالمحبة تدل على التخلف والرجعية والرضوخ إلى الأمر الواقع..

. **الوصية الثامنة:** لا تقترب من الطموح، فالطموح يفترس صاحبه ويرمي به في متاهات من الضياع. ولا تطلب العلى بل ارضَ بما أوتيت ولو على مضض.. فالقناعة كما يقولون "كنز لا يفنى"..

. **الوصية التاسعة:** إياك والنجاح، في أي حقل كان، لأنك ستسلط الأضواء عليك فتتفتح الأعين من حولك. ولن تنجو من مخالب حسّادك لأن نجاحك سيحجّمهم ويفضح فشلهم..

. **الوصية العاشرة:** لا تنتصر للحق أبداً أو تطلب الحرية والاستقلال وإلا جرّك ذلك إلى تأييد المقاومة الوطنية في بلادك فيلحق بك العار وتنعت بالإرهابي.. المفاهيم تبدّلت يا بنيّ فالوطن "أكذوبة" وحب الوطن "عار" والمقاومة الوطنية للذود عن حقه وسيادته "إرهاب"..

*****

سيستغرب ولدي لدى قراءته لهذه الوصايا وسيتساءل: ماذا حلّ بأبي؟ هل تبدل أم هي المفاهيم حقاً تبدلت..؟؟

ماذا عساي أن أقول.. أستحلفكم بالله، هل يستطيع أحد إنكار ما في هذه الوصايا من تصوير حي للواقع المتردّي الذي نعيشه كل يوم.. إنه عصر الرضوخ للاضطرابات والمخاوف.. همنا أن نعيش اليوم، أما الغد فنتعامل معه في الغد..!

إنه الألم الصارخ الذي حثني على كتابة هذه الوصايا ولكن، طالما أنها المرة الأولى وربما الأخيرة التي سيستمع إليّ فيها ولدي، لن أستسلم للألم وأعطيه الفرصة ليشلّ إرادتي أو يقعدني عمّا يمليه عليّ الواجب الأبوي فاستدرك لأقول:

اعذرني يا ولدي إن أنا استسلمت للواقع المرير وقلت ما لم أرد قوله. إن ألم الواقع يحفر في أعماقي فيرسل بالآهات على لساني لأتقوه بما لست راغباً فيه..

14

واعلم يا بنيّ:

1 . إن الحقيقة تتجلى في الصدق وإن الصدق رأس الفضائل..

2. إن مرارة التواضع تجني الحلاوة والراحة كما تجني حلاوة الغرور مرارة وشقاء..

3 . لا تحجب مساعدة عن ضعيف.. إن لم ينصفك الناس فإن الله يحفظ لك أجراً عظيماً.. وإن بلغت درب العطاء، فأنت حبيب لكل عابر ورفيق لكل مسافر..

4 . إلزم الصمت حين تعربد الثرثرة من حولك.. وإنما الصمت ينطق بسلطان..

5 . لا ترمِ سهام الضغينة بوجه من أساء إليك بل افتح قلبك للصفح.. وإنما الصفح للأحرار .

6. لا تجعل قلبك ينبض بغير المحبة.. فالمحبة طريق الأبرار إلى السماء..

7. لا ترضَ بغير الطموح مركبة، ولا يغرنّك غزو السهول.. ففي تسلق الجبال تكمن عظمة الصمود..!

8. لا تحتفل بهزالة من ينتقد سيرك على درب النجاح.. فكل هزيل ضعيف لا بدّ أن يتعثر على جانب الطريق..

9. انتصر للحق دائماً واعمل بما يمليه عليك الضمير..

10. لا تستسلم لغير الموت.. ولا تحنِ الرأس لغير الوطن.. فإن قالوا في فعلك هذا إرهاباً، فيا مرحباً بالارهاب..!

إن استطعت أن ترسم خطوط البداية يا بنيّ، فاعلم.. أنك أنت من سينتصر في النهاية..

بيروت لم تكن همجية..!

1979/4/1

نشرت هذه المقطوعة في مجلة "عاليـه" التي كانت تصدر في بيروت ـ لبنان، وفي وقت كان قد مضى أربع سنوات على تحويل بيروت إلى شرقية وغربية بسبب الحرب الأهلية اللبنانية التي انطلقت شرارتها الأولى في 13 نيسان من العام 1975.

... لست أدري إذا كانت كلماتي هذه ستخترق "جدار برلين" لتصل إليك وتقع المعجزة.. فقد قدّر لنا أن يكون واحدنا في "شرقية" والآخر في "غربية"..

هل هي مشيئة إلهية أن نكون في بلادنا،
مشردين على أرضنا
والآمال مشردة..
مغرّبين بين أهلنا والوجوه مغرّبة..؟
الموسيقى.. ما عاد لأنغامها وقع.

فقد صمّ آذاننا أزيز الرصاص ودويّ المدافع..

والبخور .. لم يعد له طعم أو رائحة.
فقد استقرت في الأجواء روائح البارود والحرائق..

كل شيء هنا قد تبدّل..
المحبة بالكراهية والوحدة بالتجزئة،
الإيمان بالإلحاد والأمل باليأس والحقيقة بالضياع..
لقد رحلت عن ملامحنا
إشراقة العزم ودهشة المفاجآت..
وتاهت الأغنيات،
وغابت عن ناظرنا معالم الطرقات..

غرباء نحن في وطن الغرائب والعجائب!
تمزّقنا الوحشة ويأكلنا التشرّد
رحل الحب وانتحرت الحياة..
ولم يبق مكان إلا للموت!

أمواج الشك تتجاذبني،
تهزني..
تقذفني..
إلى حيث تتلاشى هناك،

على شاطىء ليس كالشطآن،
ويابسةٍ جرداءَ
لا توحي بالاطمئنان..

وفي غمرة هذا الضياع يتملكني الخوف.
الخوف منكِ والخوف عليكِ..!
هل تبدّلتِ كما الناس؟ كما الأشياء؟
هل جعل منك ظلام هذا الليل ظلاً أسود،
فارغاً من الذكريات..؟
فلا تأبهي إذا ما افتجروا الكلام غيظاً وافتراءً
وانتقدوا..
ولا تعيري السمع إن قالوا أو هانوا أو لعنوا..
ليس في متناولنا غير الحب درعاً للوقاية
إن ظلموا..!

هو ذا شأن كل من أحب..!
بيروت أحبّت..
فرُجمت كما يُرجم المحبّون المخلصون..
ذنبها أنها أحبّت..
ألبسوها ثوب الحداد
في يوم عرسها..

ضربوها بسيف الحقد والتبعية،
فأمست "شرقية" و"غربية"..

بالأمس.. كانت تضج بأضواء العيد
وفرح الأطفال.
كانت تفوح بأريج النصر
ونشوة الأبطال..
واليوم تتأجج بنيران الحزن والقبلية.
بيروت.. لم تكن "شرقية" و"غربية"..
بيروت.. لم تكن همجيّة!

ماذا أقول فيك يا حبيبيَ المسافر..؟

ألقيت هذه الكلمة بتاريخ 1994/10/16 في مأتم المرحوم الوالد توفيق حميدان الذي وافته المنية صباح يوم 12 تشرين الأول 1994 في مدينة بيروت ـ لبنان.

الحمد لله رب العالمين الذي حبانا نعمة العقل لنتلمّس الطريق إليه ونهتدي بنوره.. نسأله تعالى أن يتغمّد فقيدنا الغالي بدفء نوره وواسع رحمته، وللجميع من بعده العمر المديد. ولا حول ولا قوة إلا بالله العليّ العظيم..

أما أنتَ..
فماذا أقول فيك يا حبيبي المسافر وقد اخترت الرحيل
إلى حيث النور،
في حقيقته ووحدانيتَه..

ماذا أقول..
وأنت من ارتقى درب العلاء..
لتكون هناك،
في عبور كل زائر
وفي أنَاة كل صابر..
هل أبكي النور وأنت بعض ضيائه

أم أبكي السيل
وأنت بعض عطائه..؟
هل أبكي الرياح
وأنت بعض هوائها
أم أبكي الآمال
وأنت بعض ندائها..؟

لا.. لا يا حبيبي لن أستسلم..
سأعلو على الخوف، سأعلو على البكاء
لأنك أكبر من الخوف
وأكبر من البكاء..

لا زلت أذكر بالأمس..
عندما قرأت عليك كلماتي من كتاب "الأبله الحكيم"
حيث قلتُ:
"لا تذرفوا الدمع على الأمل الذي غاب..
ففي كل يوم أمل يولد
وأمل يموت..
وسأظل أنتظر اليوم الذي يولد فيه
أمل لا يموت.."
لا زلت أذكر كيف انساب على خديك دمع التأثر، وقلت لي يومها:
" الموت حقٌّ يا ولدي كما الولادة. فالاثنان مظهران مكملان لحقيقة
واحدة هي الحياة.. فإن كنا نفرح ونحمد الله عند الولادة، فلمَ نبكي
ونتحرّق عند الموت..؟" وكأني بك أردت أن تقول: البكاء ليس من

الإيمان بشيء، بل هو اعتراض على مشيئة الله سبحانه تعالى، والاعتراض كفر في النهاية..

وأخذت عنك الرسالة..
وها أنا اليوم أخضع للامتحان العسير فأقول: وإن كان سينتابني الأسف على غيابك، غير أنني لن أبكيك يا حبيبي تحسراً. فأنا أخاف السقوط، وأخشى لو كفرت أن أتوه عن رسالتك السامية..
فأنت.. أنت الخالدُ يا أبا خالد..!
فقد وجدتُ ضالتي وعرفت أنك الأمل الذي كتبت عنه منذ زمن وقد جاءني بعد طول انتظار..
إنك الأمل الذي لا يموت..!!

وإذ أقف اليوم وقد بقيت آثارك شاهدة عليك، لا لأرثيك بل لأحييك ولأنقل إليك تحية كل من عرفك وأحبك، تحية الاجلال والاكبار والتقدير والوفاء..

لا.. لن أرثيك يا حبيبي، وقد انتقلت إلى جوار الخالدين..
والموت، في أية حال، لا يطوي سيرة الأوفياء المؤمنين..

يوسف مروه.. الطموح الذي لا يهدأ..!

1998/12/12

منحت بلدية بيكرينغ الدكتور يوسف مروه جائزة الثقافة والفنون للعام 1998 في حفلة تكريمية جرت خلال شهر تشرين الثاني المنصرم في دار البلدية بحضور مجموعة كبيرة من موظفي الحكومة المحلية ومسؤولي الأحزاب السياسية والجمعيات الثقافية. وقد سلم عمدة بيكرينغ السيد ووين آرثرز الجائزة للدكتور مروه بعد أن عدد مزاياه وقدر فيه الجهد الكبير الذي يبذله في المجالات الثقافية والتاريخية والتراثية منوّهاً بإنجازاته ومؤلفاته من كتب وبحوث ودراسات وبنشاطاته البارزة من ندوات ومحاضرات وملتقيات فكرية مختلفة.

فمن هو الدكتور مروه وما هي النشاطات والأعمال التي قام ويقوم بها حتى يمنح جائزة الثقافة والفنون..

يحمل د. مروه دكتوراه علوم في فيزياء الإشعاع من جامعة جاكسون، الولايات المتحدة الأميركية (1973). وقد تابع دراسات عالية في مواضيع التطبيقات الصناعية والتقنية المتصلة باختصاصه في عدد من معاهد ومراكز البحوث العلمية في إنكلترا وألمانيا وإيطاليا والنمسا.

أما إنجازاته العلمية فهي متعددة وأبرزها:

. وضع نظرية جديدة في هندسة الأوضاع. طوبولوجيا (1955)

. تفسير للجاذبية الكونية على أساس الظاهرة الموجبة (1957)

. وضع نظرية مجال الوحدانية الكونية التماثلية العظمى (1987)

. الحصول على براءة اختراع محرّك لتوليد القوة بواسطة التفاعلات الحرارية بين الأوكسجين والأزوت في الهواء.

. سجلت باسمه مؤسسة هودن. كندا مجموعة من الطرق والعمليات التقنية في إجراء الاختبارات غير الإتلافية في حقلي التشعيع الصناعي والفوقصوتيات الصناعية.

يحمل عدة إجازات كندية حكومية باستخدام التقنيات الخاصة بهذه الفروع المستخدمة في هندسة ضبط النوعية للصناعات النووية والمعدنية الثقيلة.

ومن تسنت له زيارة الدكتور مروه في منزله، لا بد وأنه اطلع على الشهادات العديدة المعلقة على جدران مكتبه في الطابق السفلي. فهو عضو في عدد من المعاهد العلمية كمعهد المهندسين النوويين، والمعهد الدولي للتقنية، ومعهد مهندسي الطاقة، والمعهد الأميركي للمهندسين الصناعيين. وكذلك، هو عضو في عدد من الجمعيات العلمية والهندسية مثل: الجمعية النووية الأميركية، والجمعية النووية الكندية، وجمعية أبحاث الإشعاع الأميركية، والجمعية الكندية للحماية من الإشعاع، والجمعية الدولية للطاقة الشمسية وكثير غيرها. يحمل جائزة لانغفورد للتقدير والامتياز والتفوق المهني من معهد أونتاريو للتقنية الهندسية (1988) وقد حصل على هذه الجائزة في الفترة التي كان يعمل خلالها في محطة دارلينغتون النووية.

ومن الكتب التي نشرت للدكتور مروه نذكر: كامل الصبّاح، عبقري من بلادي، العبقرية المنسية، الأثر العربي في العلم الحديث، مؤشرات ورموز العلوم الطبيعية في القرآن، مؤشرات ورموز العلوم الطبيعية في تراث الأمام علي، المآثر العربية ـ الإسلامية في الحضارة الغربية، محنة المثقف العربي، الله والكون والإنسان، مفهوم الله والنقد الديني في الفكر العربي المعاصر.

ينشر حالياً مقالاته ومحاضراته في عدد من الصحف والمجلات العربية الصادرة في كندا والولايات المتحدة حول المآثر والمنجزات اللبنانية والعربية المعاصرة في العلوم والتقنية الغربية. وهو يحاضر منذ عدة سنوات ويكتب عن الآثار الفينيقية والعربية المكتشفة في القارة الأميركية والتي تعود إلى عهود عديدة قبل وصول كولومبس إليها. تعزز مقالاته ومحاضراته مئات من الوثائق المتوفرة، لينشر بين أفراد الجاليات اللبنانية والعربية الوعي والتحسس بأهمية التراث اللبناني والعربي اَلغني وما يحمله من أمجاد جديرة بالتقدير والاحترام والاعجاب.

لم تكن هذه هي المرة الأولى التي يتلقى فيها د. يوسف مروه جوائز تقديرية لنشاطاته وإنجازاته العلمية والثقافية الكثيرة التي يلزم لتعدادها عدد كبير من الصفحات. إلا أن ما يستوقفنا إزاء هذا الحدث الكبير عاملان إثنان، أولاً: الشعور بالاعتزاز والفخر لتلقي هذه الجائزة التقديرية حيث أننا نعتبر أن تكريم الدكتور مروه من هيئة كندية، أهلية كانت أم رسمية، إنما هو تكريم لنا جميعاً نحن أبناء الجالية العربية. ثانياً: الشعور بالتقصير، كجالية عربية، تجاه الدكتور مروه وأمثاله من العرب المحلقين، كل في مجاله، الذين

يعملون بصمت الجبابرة على إشباع الحضارة الإنسانية بعلمهم ومعرفتهم وعطائهم.

أما والكلام عن الدكتور يوسف مروه، هذا الإنسان الكبير الذي عرفته، فأعجبت بعلمه وثقافته وشدة التصاقه بتراثه العربي، أعترف أنني لن أفي الرجل حقه مهما حاولت، فإن تحضرني أشياء ستغيب عني حتماً أشياء كثيرة. لذلك سأختصر القول أن د. مروه، في دراساته وأبحاثه ومحاضراته وكتاباته، إنما يهدف إلى إقناع العالم بأننا أصحاب حضارة عريقة وشعب رائد في العلوم الإنسانية وواضع القواعد العلمية التي تقوم عليها التكنولوجيا الحديثة، عله بتلك الجهود النادرة يواجه بالأسلوب الموضوعي والحضاري، من نصب العداء للعرب وألحق بهم كل أشكال الرجعية والتخلف والإرهاب.

وكأني بالدكتور مروه الذي بحث في العلم والتاريخ والأدب والفلسفة ليبرز أهمية الدور العربي في الحضارة الإنسانية، قد أخذ على عاتقه الوقوف بوجه كل التحديات التي تواجه الإنسان العربي في العالم، متسلحاً بالعزم والايمان والعلم والبرهان. فتراه دارساً منقباً حائراً لا يطمئن له بال لأنه يدرك أن الطريق التي اختارها لا نهاية لها بل توجب عليه المتابعة والعمل المتواصل الدؤوب. فإذا أجيز لي وصفه بكلمات قليلة أقول: يوسف مروه هو الإرادة التي لا تلين والطموح الذي لا يهدأ.

إن الدور الذي يضطلع به الدكتور مروه في كشف وإبراز المساهمة العربية في الحضارة الإنسانية لهو عمل إعلامي مسؤول تعجز عن القيام به مؤسسات أنشئت خصيصاً لهذا الغرض. وإن الجائزة التي تلّقاها، مهما كبرت، تبقى دون الجهد الذي يبذله والعطاء الذي

يقدمه خدمة للقضايا العربية عامة والانسان العربي في المهجر خاصة.

وعلّ هذا الحدث يفعل في نفوسنا الفعل الحسن لنتيقظ ونعمل على تفعيل دورنا وتوظيفه في خدمة قضايانا، وبهذا نخفف العبء عمن نذروا أنفسهم ليقوموا مقامنا في الذود عن حقنا، وتلك هي الجائزة الكبرى. فإننا إذ نهنئ الدكتور مروه بهذه الجائزة الجديدة التي تضاف إلى الجوائز العديدة الأخرى، نقف إلى جانبه آملين مترقبين بانتظار "الجائزة الكبرى".

متهم أنت بالإرهاب..!

تعرض الفنان الثائر مارسيل خليفة أكثر من مرة لدعاوى جنائية (1996 و1999) على قاعدة اتهامه بالتعرض لقيم ومعتقدات دينية بسبب أغنيته "أنا يوسف يا أبي" من تأليف الشاعر الكبير محمود درويش، الذي ضمّن الأغنية بعض الكلمات من القرآن الكريم. أما الأغنية، فهي لا تتعرض للدين الاسلامي من قريب أو بعيد، بل إنها تصور، بوصف وجداني وإنساني، معاناة وآلام الشعب الفلسطيني. غير أن هذا، لم يردع بعض الرجعيين والمتخلفين من أن يتقدموا بالاعتراض والتجريح بالفنان الكبير والادعاء عليه لدى المحكمة الجنائية في بيروت، بالرغم من موقف العلامة الشيخ محمد حسين فضل الله والتظاهرات الشعبية التي قامت في أكثر من مكان دعماً لموقفه وبراءته. ونشير هنا إلى أن القاضي غادة أبو كروم التي كانت تنظر في الدعوى، لم تتأثر بمواقف المراجع الدينية المتشددة، بل رفضت الدعوى بكل جرأة وأعلنت في نص الحكم براءة الفنان مارسيل خليفة من تهمة المس بالمقدسات الاسلامية كما ورد في القرار الظني.

1999/10/20

متهم أنت بالإرهاب
لأنك عشقت الأرض وآمنت بالوطن..

متهم أنت بالجنون
لأنك أنكرت العار وهزمت المحن..

متهم أنت بالإلحاد
لأنك اقتربت من الله
وارتضيت أن تكون "اليوسفَ"..

آمنت بالوطن..
في زمن تباع فيه الأوطان
وأطلقت صرخة "ثائر"
مدوّية..

غنيّت بغداد وعمّان..
والشام والجولان.
غنيّت بيروت الصابرة.. وجنوب لبنان
غنيّت القدس المحاصرة
وواكبت أطفال الحجارة
تتسابق في الميدان..
وحملت شعلة المقاومة المقدّسة..

من أجل كل هذا اتهموك ورجموك
بحجارة الكفر والنكران..
وتابعت الطريق "مرفوع القامة تمشي"
وفي يدك "غصن زيتون"..

القرار الظني..
وسام عزّ تعلقه اليوم على صدرك
لأنه الحكم "المبرم" على تخلفنا وانهزامنا..
هو العبث بأحلام أطفالنا
وتطلعات أجيالنا..
هو صفعة خجولة لتاريخنا
وعائق معيب لارتقائنا..

تحية لك..
يا بطلاً تقف بوجه العاصفة..
المحبة إيمانك
وغصن الزيتون سلاحك..
و"الآهات تعصف في صدرك"
ألماً وتحسّراً..

كل لبنان يقف معك في قفص الاتهام..
وكل المقهورين والمستضعفين
من ورائك يرددون..
"توت توت ع بيروت"..

قرار اليوم ليس بالجديد:
اتهموك بالأمس
لأنك آمنت بالوطن..
ويتهمونك اليوم
لأنك تحدّث بروح الوطن..

أغفر لهم يا صديقي
إنهم جاهلون لما يفعلون..

الحقوق الضائعة..

2000/4/5

صدر منذ أيام عن السفارة اللبنانية في أوتاوا تعميم إلى الجالية اللبنانية في كندا يطلب ممن لديهم ممتلكات في فلسطين المحتلة أن يزوّدوا وزارة الخارجية بصورة عن المستندات التي تثبت حقوقهم هناك، لضمها إلى الملف القانوني في إطار التحضير لمفاوضات السلام مع إسرائيل المتوقع أن يعلن عنها في المستقبل القريب.

لأول وهلة، يشعر المواطن الذي يقرأ البيان بالارتياح التام ويستنتج بأن عملية السلام التي استكملت شروطها وملفاتها، جارية على قدم وساق وليس ثمة ما يعرقل مسيرتها. وإن كل ما يقال عن التشنج الاسرائيلي والتشدّد لتحقيق مكاسب إضافية على حساب السلام، كلام مرفوض من الأساس، والبرهان أننا نعمل على تحضير ملفات استرداد "الحقوق اللبنانية المغتصبة" المنقولة منها وغير المنقولة.

والذي يعزز الاعتقاد بأن أمراً كهذا ممكن حدوثه هو بروز الدور الكندي في الآونة الأخيرة. ذلك أن رئيس الوزراء جان كريتيان يعد العدّة للتوجه إلى المنطقة في نهاية الأسبوع الجاري وربما ليلعب دور عرّاب السلام بعد فشل القمة بين الرئيسين كلينتون والأسد. ومن غير الممكن أن نجد أفضل من كريتيان مدافعاً عن

حقوق اللبنانيين ذلك أنه يمثل الدولة الكندية التي تحترم مبادئ العدالة وحقوق الانسان ولها في هذا المجال الباع الطويل.
ألم تنفق الدولة الكندية مئات الملايين من الدولارات منذ نهاية الحرب العالمية الثانية للدفاع عن حقوق اليهود الذين كانوا ضحية النازية..؟
ألم تلاحق كندا مجرمي الحرب في داخل البلاد بعد انقضاء خمسين سنة على نهاية الحرب بحجة تأمين العدالة للشعب اليهودي..؟
ألم تشهد على توقيع الاتفاقيات الدولية القاضية بإعادة ممتلكات اليهود التي استولت عليها النازية أبّان الحرب؟
هذه بعض من الجهود الكثيرة التي بذلتها وتبذلها كندا بدافع العدالة واحترام حقوق الانسان.

وها هي اليوم على المحكّ في التعاطي مع قضية الشرق الأوسط. إنها تواجه حالة مماثلة في سوريا وفلسطين ولبنان. فهل تتمسك بذات المبدأ وتطالب بإعادة الممتلكات السورية إلى السوريين والممتلكات الفلسطينية إلى الفلسطينيين والممتلكات اللبنانية إلى اللبنانيين. هذه الممتلكات التي نكلت بها قوات الاحتلال الاسرائيلية قصفاً ونهباً وتدميراً.. وعلى مدى خمسين عاماً وأكثر..؟
هل سيكون كريتيان جاداً في الطلب إلى إسرائيل بإعادة الحقوق لأصحابها واستنفار الرأي العام الدولي ليدعم موقفه والتوصل إلى اتفاقيات دولية على غرار الاتفاقية القاضية بإعادة ممتلكات اليهود التي عبثت بها أيدي النازية..؟
فإذا كانت إسرائيل مستعدة لمفاوضات السلام انطلاقاً من المبادئ التي تعمل بوحيها كندا، فما على العرب إلا أن يهللوا ويبتهجوا ويجمعوا ما لديهم من مستندات وصكوك ملكية في الأراضي المحتلة لتسهيل عملية انسحاب اليهود من كل الأراضي العربية وهذا يعني في النهاية "زوال دولة إسرائيل نهائياً.."

ويبقى السؤال الأكثر أهمية: هل يتمسّك كريتيان بمبدأ احترام حقوق الانسان العربي كما تمسّك باحترام حقوق الانسان اليهودي..؟ أم أنه سيقف على حائط المبكى في فلسطين بين صفوف اليهود ليردّد معهم ما يردّدون وليشكو مثلما يشكون، الارهاب العربي والحقوق الضائعة..؟!

طريق الخلاص..

2000/4/13

تصادف اليوم الذكرى الخامسة والعشرون لحادثة عين الرمانة في بيروت التي كانت الشرارة الأولى لاندلاع الحرب الأهلية اللبنانية. هذه الحرب الشرسة التي دارت رحاها على مدى خمسة عشر عاماً، ذاق المواطن اللبناني خلالها شر المرارة والألم والموت والتشرّد حتى انتهى به المطاف إلى فقدان حريته وحق السيادة على أرضه والى تكبيله بقيود الأزمات الخانقة والمتلاحقة، الاقتصادية منها والاجتماعية والسياسية.

ومع حلول هذا اليوم من كل سنة لا يسعنا إلا أن نعود إلى الوراء لنستعرض ونتأمل ماذا فعلنا لكي نضمن عدم تكرار ما حدث عام 1975 وما استتبعه من أحداث دامية مؤسفة والتي ما كانت لتتوقف لولا سحر "الطائف" الذي هبط علينا من السماء.

وفي وقفة التأمل هذه يجب أن نقف على الأسباب (ما قبل الطائف) التي أدّت إلى الكارثة لإزالتها والحؤول دون قيام كارثة مماثلة (بعد الطائف)، هذا إذا كنا نرغب بتحقيق وحدة وطنية قائمة على أساس صلب يكتب لها التواصل والاستمرار.

فإذا كانت العلة في التربية المدنية والتعليم بحيث كان يختلف الكتاب في المدارس من منطقة إلى أخرى ويستتبع هذا اختلاف في التربية والتفكير والممارسة، فقد جاء الكتاب ما بعد الطائف أكثر تنوّعاً وتحديثاً من غير أن يوحّد في المدارس.

وإذا كانت العلة في الاقطاع السياسي الذي فرز الأنانيات الفردية والتبعية في استزلام له بعيداً عن العمل والانماء الاجتماعيين، فقد جاء بعد الطائف إقطاع رأس المال ليحل مكانه، وليذل النفوس في تغذية للفردية وخلق فصائل من التابعين "الزحفطونيين".

وإذا كانت العلة في دستور البلاد الذي كان محظراً علينا مسّه وإجراء تعديلات عليه بحيث يتلاءم مع تطلعاتنا وتطورات العصر الحديث، ها هو الطائف يكسر الطوق ويسمح بالتعديل ويؤمّن له الاجماع عندما تقضي "الضرورة الوطنية"..

أما إذا كانت العلة في ارتهان القرار اللبناني للعوامل الخارجية، الاقليمية والدولية، من ذي قبل بحيث سمح في السابق لقيام "حرب الآخرين على أرضه"، فهو اليوم بعد الطائف، يراوح مكانه ويكاد القرار أن يكون معدوماً..

باختصار نقول: لا شيء تغير باتجاه إزالة الأسباب، لا بل ما أنجز في الطائف وما يمارس على الأرض ـ بعد الطائف ـ هو إضافة أسباب جديدة لخلق توترات جديدة والخوف، كل الخوف، أن يكون الآتي أعظم..

وقفة تأمل وشيء من العبر .. ماذا فعلنا لنبعد عنا أشباح الظلمات؟ وماذا أعددنا لنضمن عدم تكرار المأساة؟

الحرية تكمن في الاعتراف بالحقيقة والمصارحة مع الذات. فلا نذهبن بعيداً للتفتيش عمن نلقي عليه اللوم، فطريق الخلاص تبدأ من هنا..

سيدتي قانا.. !

2000/4/19

إلى البرعم المتفتح
مع إطلالة كل ربيع
والبسمة الدافئة في ليل الصقيع..

إلى الفرح الآتي من البعيد
والأمل الواعد
مع الفجر الجديد..

إليك قانا..
سيدتي الجميلة.. أنحني!
ولمجدك، أركع وأصلي..!
يا سنبلة شقراءَ تلمع كالخناجر،
وحرقة حمراءَ
تغص في الحناجر،

يا أغرودة الفداء
على لسان كل ثائر..
للعزِّ كنتِ وفية
وفي وأد الهزيمة أبيّة..
مشوا إلى الموت أطفالك زهواً
لنظفر نحن بالميلاد.. بالهوية!

ضربوها بالحجارة..
بالمدافع.
أنزلوا فيها اللعنة والشتائم.
رفعوا قناع الزيف عنهم
وقالوا:
قانا تمادت. قانا أحبت!
هذا عقاب من يحب..!

سيداتي سادتي.. هلا سمعتم.؟
ذنب قانا.. أحبت..!

في زمن الهرولة والسقوط
وقفتِ تتحدين المخاطر..
وتجولين عباب القنوط

كالنصر في نشوة ظافر..
ونفضتِ غبار الموت عنك
لتعلني يوم القيامة..

سيكتب التاريخ رغم أنفه
وهو الشاهد منذ البداية..
أنك والأطفال الأبرار،
من سيهللون في لنهاية..

المعذرة والمغفرة
أيتها البتول الصامدة:
إن وطناً متقهقراً
تواقاً إلى الحدث العظيم،
ينتظر المستحيل..
وقد أحنى ظهره الصبر الجميل..
فليس هناك إلا أنتِ
يا آخر الأوفياء
لكي تحدثي الدهشة كالرسل..
كالأنبياء..

فإليك وحدك أتضرّع

وإليك سيدتي أنحني.
ولمجدك.. أركع وأصلي.!

المغترب العائد..!

2000/7/5

منذ أيام عاد صديق مغترب إلى تورنتو، بعد زيارة إلى الوطن استغرقت حوالي الشهر تفقد خلالها الأهل والأصدقاء. وذهبنا كالعادة للتهنئة بعودته بالسلامة والاطمئنان عن أحوال الوطن والمستجدات الأمنية بعد تحرير الجنوب والبقاع الغربي.. وكان بيته يغصّ بالمهنئين والكلّ آذان صاغية لحديث المغترب العائد عن شؤون وشجون الوطن.

وكان صديقنا مسترسلاً في وصف انطباعاته ومشاهداته الشخصية فعرفنا أنه هزّ مشاعره مشهد عودة الجنوبيين إلى قراهم بعد أن أصبحت الطريق إليها آمنة. انحنى إعجاباً للعلاقة التي تربط إنساننا بأرضه مما جعله يؤكد بأن الانهزام والاستسلام لا وجود لهما في بلادنا حتى ولو استمر الاحتلال قروناً طويلة.

والمشهد الآخر الذي تأثر له كان زحف الجنوبيين طلاباً وطالبات إلى بيروت العاصمة للمرة الأولى في زيارة سميت بـ "اكتشاف بيروت". ويخلص إلى القول: بعد التحرير تسنّى للجنوبيين اكتشاف سائر لبنان كما تسنّى لسائر اللبنانيين اكتشاف الجنوب.

فقاطعه أحد الزائرين، وهو في العقد السابع من عمره عرفنا فيما بعد أنه مقيم في كندا منذ أربعين سنة، قاطعه قائلاً: وماذا تعني بالاكتشافات هذه.. أهل اكتشفوا البارود؟

فابتسم آخر كان يجلس بالقرب منه وعلق بسخرية: ألم تسمع ما قاله لك.. لقد اكتشفوا الجنوب.. وتشدّق بالضحك، وكأنه يروي نكتة من نكات "أبو عبد البيروتي" وهو ينظر إلى وجوه سامعيه بانتظار ردة الفعل.. ولكن سرعان ما انحسرت وجنتاه خجلاً عندما أحس بعدم تجاوب الحاضرين معه ومع صديقه على تعليقاتهما الرخيصة والسخيفة.. والمؤسف في الأمر أن الحادثة هذه لم تنجم عن خطأ في التعبير وليست بالتالي وليدة صدفة أو زلة لسان. بل إنها تتكرر كل يوم، عن سابق تصور وتصميم وفي مجالات مختلفة. وهذان الرجلان في الواقع ينتميان إلى فئة من المواطنين لم يعجبهم أن ينتصر الوطن ويخيّل إليهم بأن الاحتفالات التي شهدها لبنان والمغتربات بمناسبة يوم التحرير إنما هي نوع من الاستفزاز والتحدي لهم.. لماذا؟ هم أنفسهم لا يعرفون..

وهذا الواقع الغريب من نوعه يضعنا أمام تساؤلات كثيرة: لمصلحة من هذا الاستهتار والتقليل من أهمية الحدث؟ كم مرة انتصر لبنان في تاريخه الحديث؟ وكم مرة تسنى له أن يثبت حقه بوجه الأسرة الدولية؟ وكم مرة تراجع العدو متقهقراً أمام إرادة شعبنا وضربات المقاومة الوطنية..؟

للذين لا يعرفون نقول إنها المرة الأولى في تاريخ الصراع مع إسرائيل ومن حق كل لبناني وكل عربي أن يحتفل ويهلل ويفاخر

بالانجاز الفريد. والاحتفال في النهاية ليس استفزازاً أو تحدياً لأحد طالما أنه حق للجميع.

بقي أن نؤكد على أن النصر الحقيقي يكمن في حماية الانتصار وتوظيفه في خدمة الوطن والمواطن بإنشاء جبهة وطنية متماسكة، قوامها العلم والوعي والثقة، تكون قادرة فعلاً على المواجهة وصد الخروقات والانتكاسات.

إننا نجتاز امتحاناً عسيراً علنا ندرك بأننا نقف على مفترق طرق. فإن لم نحسن الاختيار هذه المرة عبثاً نبكي الآمال الضائعة..

يا طفل الحجارة المقدسة..

على أثر استشهاد محمد رامي الدّرة على أيدي قوات الاحتلال الاسرائيلية، مع قيام الانتفاضة الثانية في فلسطين صيف العام 2000.

2000/10/4

سقطتَ اليوم يا رامياً،
برمية من غير رامٍ..
أحنيتَ الرأس يا حبيبي.. لسلاح لا يعرف رحمةً.
فسلاح الحقد لا يقَتل إلا الأبرياء..

سقطتَ اليوم يا صغيري..
لأنك أدخلت الرعب إلى صدر قاتلك!
من قبل أن يرميَك..

علموه من دربوه
وأشبعوه من سبقوه،
أن أطفال الحجارة تعود مع المحن والآلام..
فمشى إليك
بارتعاش المهرول الجبان،
وضربك.. للوقاية من غضبك!

برصاص الغدر والنكران..

رحلت اليوم يا صغيري
لتكفر عن تخاذلنا، عن خطايانا..!
رحلت يا فادياً
لتعلن يوم القيامة من جديد
وانتفاضة الحجر والحديد..

من أجل القدس ركعتَ خاشعاً..
وللسلام سعيتَ باسماً..
ومن أجل الحق أحنيتَ الرأس
ورحلت..

رحلت لأنك أنت ابن "شعب الله المختار"
والله لا يختار إلا المؤمنين..!

المعذرة.. يا نبياً مرسلاً حمل إلينا قبس الكرامة.
عزاؤنا أن لا خوف عليك
في نعيم الله..
فاهنأ بجواره وبمن حولك
من الأطفال
من جنين وقانا، وغزة وبغداد..
أما الكافرون الحاقدون..
سيظل صدى الآهات

يرّن في آذانهم ضرباً موجعاً
وعذاباً أليماً،
في جحيم لا يعرف هوادة..

المغفرة والمعذرة
يا طفل الحجارة المقدسة،
والسلام للقدس الطاهرة.
إننا والمؤمنون إليها لراجعون..

ليت أنهم يعلمون..

2000/12/13

تشير الاحصاءات الأخيرة حول الخسائر التي مني بها الجانب الفلسطيني من جراء انتفاضة الأقصى إلى تجاوز الثلاثمئة في عدد القتلى والعشرة آلاف في عدد الجرحى، ومعظمهم من الأطفال والشباب، مقابل سبعة وثلاثين قتيلاً من الجانب الاسرائيلي.

ويكثر الحديث في الصحف والمجلات وسائر وسائل الاعلام العربية منها والأجنبية، عن الطرقات المسدودة لوقف أعمال العنف والقتل والدمار.

ويذهب البعض إلى التساؤل كيف سيتمكن الفلسطينيون من إقامة دولة فلسطين وممارسة حق العودة في ظل القمع والارهاب ودعم الدول الكبيرة لقوى الاحتلال والاغتصاب.

حتى أن التساؤل يراود بعض العرب المهزومين الراضخين للأمر الواقع والذين يظهرون الشفقة والأسف على أرواح الشهداء الأبرار الذين يقاومون بالحجر، ويضمرون الشماتة والحقد على كل مؤيّد لأعمال الانتفاضة ولمقاومة الوطنية. هؤلاء المتغيّبون دائماً عن أداء الواجب الوطني والانساني، يفضلون الركوع والتراجع والاستسلام على مواجهة الغاصب وتعطيل أحلامه بالتوسع والمصادرة.

لقد سهلنا فيما مضى دخول اليهود إلى فلسطين لنردّ جميل الغرب
"وفاء لروح بلفور"..
ومشينا في ركاب "الغرب" لنصون عروش زعمائنا خوفاً على
الشعب من الضياع..
وعطلنا قرارنا الوطني كي لا يغضب "الغرب" سيد القرار..

وأقمنا على ذاتنا الحصار وجعلنا من جهلنا غطاء للانكسار..
فكان لا بد للطفل من أن يولدَ ليولد معه الانتصار..

جاء طفل الحجارة ليعلن عن غضبنا المكبوت في ضمائرنا.
جاء ليكشف عن الإمعان في تراجعنا..
لم يبقَ له سوى الحجر سلاحاً للمقاومة..

غداً عندما سيكتب التاريخ عن محنة العرب
سيقف حائراً لا يعرف الخبر..
حيث القرار مصادر والانسان محاصر!

لكنه سيقف مدهوشاً لأنه سيحدِّث عن بطولات الحجارة
وغضب الأطفال..
فمن غير هؤلاء لا عزّة ولا كرامة للعرب.
ليت أنهم يعلمون.

يوم الأرض.. تأمّل واستغفار

ألقيت هذه الكلمة في ذكرى "يوم الأرض" بتاريخ 2001/4/4 في احتفال بالمناسبة أقامه الاتحاد العربي الكندي والبيت الفلسطيني في مقر الجالية الأرمنية الكندية في تورنتو ـ كندا.

في الثلاثين من آذارٍ، جرت العادة منذ العام 1976 على الاحتفال بيوم الأرض، لا سيما الأرض الفلسطينية، على أثر حادثة وقعت في الأرض المحتلة وراح ضحيتها عدد من القتلى، على أيدي قوات الاحتلال، لتمسكهم بالبقاء على أرضهم وعدم الرضوخ لتهديدات المعتدين.

وفي هذه الذكرى، تتواصل الاحتفالات والندوات واللقاءات الشعبية لتؤكد على الحق القومي المغتصب ولتحرض على دعم الانتفاضة الفلسطينية بسائر الوسائل المتاحة والتمسك بالحق التاريخي للفلسطينيين على أرضهم وعودة اللاجئين إلى ديارهم.

أما اليوم وبعد أن افتضح أمر المشروع الأميركي ـ الاسرائيلي الرامي إلى السيطرة على كامل المنطقة العربية المشرقية والاستيلاء على الثروات الطبيعية فيها من نفط ومعادن ومياه، فقد باتت لذكرى "يوم الأرض" أبعاد تتعدّى الأرض الفلسطينية لتطال كامل الأرض المعنية بالمشروع.

ففي ذكرى "يوم الأرض" تعود بنا الذاكرة إلى عباب التاريخ، إلى مئات وآلاف من السنين خلت، فتتراءى لنا عظمة الأرض التي إليها ننتمي، في سهولها وجبالها، في بحورها وسواقيها، في خصبها واعتدالها، وفي مشاهداتها الحضارية..

القدس مهد الديانات السماوية

وجبيل منطلق الأحرف الأبجدية

وبغداد أم التشريعات القانونية

وغيرها وغيرها..

وقبل أن تأخذ بنا خيالات الماضي، يهزنا التأمل ليعيدنا إلى واقع اليوم حيث يتراءى لنا التقهقر الحضاري حيناً والعدم احياناً..

القدس.. تدنّسها أقدام همجية..

وجبيل في غياهب النسيان!

وبغداد يتآكلها القتل والتشرد والحصار بعد الحصار..

ونتساءل أي مستقبل ينتظر أرضنا المقدسة..؟؟

وقفة التأمل هذه تكشف الحقيقة التي لا ترحم وتضعنا أمام مسؤولياتنا حيث تظهر معالم الطريق. فهل من همة لازالة كل ما يعيق تقدمنا ورقيّنا..؟

فلا نذهبن للتفتيش عمن نلقي عليه اللوم والمسؤولية من أعداء أرضنا..

فالعدو يعيش في داخلنا وينمو في انهزامنا وهنا يحلو الاعتراف والاستغفار! الاعتراف بما اقترفته أيدينا بحق إنساننا.. إلى استغفار

الأرض واستغفار ذلك الأمل الطالع مع الفجر الجديد الذي يحمل في قلبه آلام الوطن وفي يده حجر الانتصار..

فيا حارس الأرض المقدسة..
لقد أضحى انتصارك قضاءً، وانتفاضتك في شهر القيامة قدراً..
وإننا على موعدٍ..

حكاية صديق مغترب..

2001/7/4

وحكاية هذا الصديق، الذي مضى على اغترابه في كندا ما يزيد على الثلاثين عاماً، أنه قرر العودة نهائياً إلى الوطن رغم التردد في اتخاذ الخطوة، ذلك أن الأخبار السارة التي كانت تصله من هناك، إلى جانب الشوق والحنين إلى الأهل ورفاق الصبا، شجعته على العودة.. فأنهى أعماله في الاغتراب وباع ما تيسّر من أمواله المنقولة وغير المنقولة وراح ليبدأ حياة جديدة في لبنان، وليسهم مع أهل البلد في "ورشة الترميم والاعمار" ويشهد بأم عينه على ولادة "الوحدة الوطنية" وتسيير "عجلة البلد الاقتصادية" المنتظرة بفضل "الجهود الجبارة" التي يبذلها أهل الحكم في "انتظارهم الدؤوب" لوقوع العجيبة.

وبعد مرور أشهر قليلة فوجئت بعودة الصديق إلى الاغتراب ليستقر فيه من جديد ويبدأ مرحلة جديدة بعد أن صدمه الواقع الذي يعيشه الوطن والمواطن هناك. فأثارني الفضول وشدّني إلى زيارته للاطلاع على أحواله والسماع لما لديه من هواجس وأخبار وانطباعات حول زيارته إلى وطن الأحلام والذكريات.

وبكلام ليس بالجديد عليّ، راح يروي عن آلام شعبنا في صراعه مع الحياة فيقول: في لبنان، يواجه شعبنا التحديات كل يوم وعلى كل الجبهات: على الحدود وداخل الحدود وعبر الحدود!.
. ألم تنته قصة الحدود بعد أن أرغم العدو على الانسحاب وحقق لبنان الانتصار في تحرير الجنوب؟

. يبدو أنه لم تنته فصول القصة بعد. "تحرير الجنوب" لم يمنع الطيران الاسرائيلي من التحليق في الأجواء اللبنانية وفي طلعات شبه يومية. وكذلك لم يردع القوات الجوية الاسرائيلية من القصف على مواقع الجيش السوري في لبنان ساعة تشاء. ثم قل لي بربك ما هي الضمانات والاجراءات التي اتخذتها الدولة بعد التحرير لتعزيز الانتصار وتثميره وتأمين استمراره، غير الاحتفال بـ "يوم المقاومة والتحرير".
. وماذا عن الخارج؟
. يحاول الغرب، في عدائه الطبيعي للعرب، أن يظهر لبنان بصورة مشوّهة. فيصف أعمال المقاومة الوطنية بالارهاب في محاولة للتقليل من دورها ويعمل على استمالة الرأي العام الدولي لكي يتعاطف مع إسرائيل علماً أن المقاومة حق مشروع للذود عن الوطن ومواجهة كل أشكال التعديات. وهنا يلزمنا إعلام ملتزم يشرح وجهة النظر الوطنية ويبيّن الحق اللبناني بوجه المطامع الاسرائيلية لأن مثل هذا العمل له البعد الحضاري ولا شيء يعيب علينا تمسكنا بأرضنا وحقنا بالسيادة عليها.
. وماذا عن داخل الحدود ؟

. "حدّث ولا حرج". سمعت قبل عودتي إلى لبنان عن إزالة الحواجز بين مختلف الطوائف وانفتاح المناطق على بعضها البعض وعودة الثقة والوئام بين المواطنين مما شجعني على العودة وخاصة أن كثيرين من الأصدقاء قد سبقوني واستقروا هناك. لكنني صدمت فعلاً عندما صادفت بعض الذين عادوا فتطبعوا بـ "العادات والتقاليد" التي كادوا أن يتخلوا عنها في بلاد الاغتراب. واستغربت حقاً كيف يمكن لمن اعتاد على الحرية واحترام حرية الآخرين أن يكبل نفسه بقيود الجهل والبغضاء. وكيف يمكن لمن تعوّد على عدم التمييز العنصري لجهة الدين أو اللون أو المعتقد أو التابعية أن يعود إلى التفرقة العنصرية بنظرته إلى المواطن من أبناء بلده. آلمني وجود كثيرين من العاطلين عن العمل ليس لأن الأعمال غير متوفرة وإنما لأن بعض الأعمال "لا تليق بهم كلبنانيين".

ورحت أفتش في لبنان عن ورشة الترميم والاعمار التي سمعت عنها الكثير. فإذا بها ترميم للأبنية المتصدعة وإعمار للأنفاق والجسور ولا مكان فيها للانسان الذي يجب أن يكون غاية كل ترميم وإعمار.

استغربت وضحكت لوجود بعض السياسيين الببغائيين في البلاد، يطلقون تصريحات عشوائية بحق بعضهم البعض ثم يعودون في اليوم التالي لينقضوا ما قالوه بالأمس بتصريحات معاكسة (بحسب التوجيهات الجديدة). فكيف يمكن لهؤلاء أن ينقذوا البلد ويحركوا عجلة الاقتصاد ويقيموا المصالحة الوطنية على أساس الوفاق الوطني وهم بحاجة اٰمن يقيم بينهم مصالحة ووفاقاً.

هذا قليل من كثير.. ولأجل هذا كله تراني فضلت العودة إلى الاغتراب ضمانة لمستقبلي ومستقبل أولادي. فما عدت أرغب بالمجازفة.

. ما عرفتك يوماً بهذا التشاؤم والانفعال. ألم تكن على علم بواقع الحال قبل عودتك إلى لبنان؟

. الحقيقة لم أكن أتصوّر الحال كما هي عليه وكنت أعتقد أن عودة المغتربين إلى لبنان قد تفيد البلد حيث ينقل هؤلاء خبراتهم وتجاربهم إلى الوطن ويعملون بالتفاعل والممارسة على إجراء التغيير. وكنت أقول دائماً إن عودة المغتربين إلى لبنان كفيلة بتحقيق الوحدة الوطنية بين المواطنين لأنها ستقوم على أسس متينة بعيدة عن حدة الطائفية والمحسوبية.

ولكن مع الأسف فقد أيقظ الواقع في داخلي اليقين إلى أن غالبية المغتربين العائدين إلى لبنان يعودون إلى العادات "الفولكلورية" في حظيرتهم الطائفية أو المناطقية أو العشائرية، ومنها إلى التقهقر الاجتماعي.. فإلى نقطة الصفر..

. قلت أن عودة المغتربين إلى لبنان قد تساعد على المصالحة الوطنية ونهوض الوطن من كبوته، الآن وقد تبينت فشل هذا الرأي فهل لديك اقتراح آخر للوصول إلى حل جذري؟

. بكل تأكيد...! أعتقد بأن هناك حلاً واحداً لا غير: فبدلاً من أن يعود المغتربون إلى لبنان لإجراء التغيير وإقامة الوحدة الوطنية، أرى بأن يذهب إلى الاغتراب جميع اللبنانيين!!.

اليوم أتممت رسالتك.. فهنيئاً لك..!!

في حزيران 2002، تعرض الصديق الفاضل المطران غريغوار حداد إلى حادثة اعتداء على أيدي بعض الجهلة الذين لم تعجبهم أقواله ودعوته المستمرة إلى العلمانية والمجتمع المدني. يقول المطران حداد: "هناك مؤمنون ملتزمون حرف الانجيل. وكنت أحاول أن أقول أن الكنيسة تطورت كثيراً ولم تعد كما كانت عليه في القرون الوسطى، غير أن بعضهم ليس قادراً على تحمل مثل هذا الكلام".

وفي أول تعليق على الحادثة، وكانت القوات الأمنية قد ألقت القبض على الفاعلين، قال المطران في حديث إلى جريدة النهار: "لا أريد الادعاء على المعتدين بل أرغب في محاورتهم. يجب أن نخرج من جمودنا وعاداتنا وتقوقعنا، وهذا يتطلب تجاوز الأنانية والجهل وتعزيز المعرفة والتعمق في الأمور"..

2002/06/19

لأنك آمنت بالانسان وبالوطن، وقضيت عمراً حافلاً بأشواك العطاء دون منة أو رجاء..

لأنك أعلنت بأن القيم الانسانية لا تجد مبادئها إلا في ذات الانسان وبشّرت بنظرة شاملة ذات حيادٍ إيجابي تجاه الأديان..

لأنك طالبت باستقلالية الدولة عن الدين والدين عن الدولة وطرحت شعار "العلمانية" بديلاً عن الطائفية..

لأنه فاتك أنك تهدد رجال الدين بامتيازاتهم الدنيوية وبدورهم في "لعبة التوازن الحضاري"..

وأنك تهدد التعددية الحضارية التي يدعيها "المناضلون من أجل لبنان" على حساب فقراء لبنان المؤمنين والمستسلمين لقضاء الله وقدره..

لأنك تسعى إلى إعادة الاعتبار للانسان واعتباره القيمة الأسمى فوق الغرائز والعصبيات ترسيخاً لقيم الحق والخير والجمال..

من أجل هذا سيدنا الكريم.. اتهموك بالإلحاد! "فكيف يكفر من يرتدي عباءة السماء" ؟

لأنك تعلو بالمواطن إلى مستوى المسؤولية الوطنية في رسم الاطار الأفضل للديمقراطية التي تتجلى في بناء القاعدة "من تحت" وليس بتنزيل الأوصياء "من فوق"..

لأنك تحث على إقرار وتطبيق اللامركزية الادارية من أجل تمكين المجتمع الأهلي من المراقبة والمحاسبة والانخراط في الشأن العام..

لأنك طالبت بعدالة إجتماعية تتناقض مع كل أشكال التمييز الطائفي والمذهبي وأعلنت المساواة على كل الصعد..

لأنك نبهت إلى الشفافية التي هي عنصر مكمل للعملية الديمقراطية وتتجسد في واجب السلطة في قول الحقيقة..

لأنك قاومت الجهل وقلت بأن "حيث لا معرفة لا حرية إلا في الاختيار بين السيء والأسوأ ".

لأنك شدّدت على أن لا عدالة إلا بظل دولة القانون والمؤسسات..

من أجل هذا سيدنا اتهموك بالتحريض والانحراف..

فكيف تدل الناس على حقوقها وهذا أمر تحتكره الطبقة السياسية..؟

إنه خروج فاضح على العادات والتقاليد. وأنت سيدنا تخترق هذا الجدار..

لأنك آمنت بحق المواطن في الانعتاق من سلطة التبعية ورسمت له الطريق للقيام بدوره في عملية الإنماء "بحيث ينمو الانسان وكل الانسان" (كما تقول)..

لأنك اعتبرت بأن الانسان هو من بين كائنات العالم القيمة المطلقة الوحيدة. وأنه لو كان سبباً ذاتياً للعنف والظلم، يستطيع الحيازة على ضمير قادر على الوعي وعلى تغيير أحكامه ومسلكه ومن ثم على تغيير الواقع الظالم الذي يستفيد منه..

لأنك ركزت على اللاعنف الايجابي كاعتماد الحوار والاقناع والتعاون والتنسيق للوصول إلى الهدف أو الغاية..

وقد غاب عن بالك يا سيدي بأن مثل هذا يلغي تبعية رأس المال ويقضي على دور أصحاب الثروات في "عملية الإنقاذ"..

لأنك نقمت على الاقطاع بجميع أشكاله وأعلنت ثورةً صامتةً قوامها العلم والعمل..

من أجل كل هذا ضربوك بالخفاء، وليس من مبرر لالغائك في العلن، كي لا يفتضح أمرهم وتكشف أفعالهم..

ذنبك أنك بشرت بالمحبة.. وذلك يا سيدي لـ "خطيئة مميتة"!!

قد يكون المحرضون في عداد المستنكرين من حولك.. فلن أثور ولن أقيم الأرض وأقعدها بالتفتيش عن الجاني، بل سأعمل بتوجيه

مبادئك التي تقول بأن اللاعنف طاقة تغييرية تقوم على المعذرة والمغفرة، وبالترديد معك: أغفر لهم يا أبتاه..

سيدي المطران..
سأكتفي بتحيتك وسأبشر بنجاح مهمتك. فقد أتممت اليوم رسالتك.. فهنيئاً للبنان وهنيئاً لك..!

الجالية العربية في حضورها الكندي..

2002/12/4

تتابع الولايات المتحدة الأميركية حملتها المنظمة ضد العراق حيث وصف الرئيس الأميركي بوش، خلال توقيعه على الميزانية العسكرية منذ يومين، عمليات التفتيش الدولية عن الأسلحة المحظورة بأنها غير مشجعة وبأن النظام العراقي لا يظهر تعاوناً كاملاً ويعمل على تضليل المفتشين. وخلص إلى القول "إن أمام بغداد مهلة حتى يوم الأحد في الثامن من كانون الأول الجاري، فإذا لم تظهر جدّيتها في نزع أسلحة الدمار الشامل، فإن الولايات المتحدة ستقود تحالفاً دولياً لتحقيق ذلك". وفي إطار الحملة ذاتها ربط نائب الرئيس الأميركي ديك تشيني بين العراق والارهاب في اليوم ذاته وقال: "إن الحرب على الارهاب تقضي بضرب العراق وحرمانه من أسلحة الدمار الشامل التي قد يستخدمها تنظيم القاعدة بتسهيلات من النظام العراقي".

مرةً أخرى تكشف لادارة الأميركية على أن الحرب على العراق قرار لا رجوع عنه رغم التحفظات التي تبديها بعض الدول والتي ترى بالحرب تهوراً قد يجرّ الويلات على سائر شعوب العالم. هذا وتتوزع ردات الفعل على تصريحات واشنطن، في أوروبا خاصة، بين مؤيّد ومتريّث ومعارض إلا أن المتوقع ألا تسير الدول الأوروبية بالركب الأميركي بانتظار ما سيتوصل إليه مجلس الأمن الدولي بعد الانتهاء من عمليات التفتيش.

إن مثل هذه الأحداث المتسارعة والتهديدات المستمرة تدخل أبناء الجاليات العربية الأميركية والكندية في أجواء القلق والخوف مما قد يلحق بهم، خاصة وأنهم لم ينفضوا عنهم بعد غبار التعديات والافتراءات التي خلفتها أحداث أيلول 2001..
إن الحملات العنصرية التي تعرضت لها جالياتنا العربية في كندا على أثر الحادي عشر من أيلول والتي تأخذ أشكالاً متعددة اليوم كرقابة الأجهزة على بعض الناشطين فيها والاجراءات الأمنية التعسفية واعتبار العربي أو المسلم "مداناً حتى تثبت براءته"، لهي حالة خطيرة تنذر بما هو أسوأ. إلا أن ما يدخل بعض الطمأنينة إلى القلوب، وجود من يشاركنا الهم ويعمل إلى جانبنا لبلورة الموقف وتوضيح الصورة في طرح القيم التي يقوم عليها أساساً المجتمع الكندي من عدل ومساواة وتأمينات اجتماعية لجميع المواطنين والوقوف بوجه التمييز العنصري أياً كان سببه. ويبقى الحزب الديمقراطي الجديد على رأس المتعاطفين مع الجالية العربية وقد تبنّى قضاياها العادلة وجعل منها شعاراً له سواء في حضورها الكندي أو في التصدي للتحديات التي تواجهها منطقة الشرق الأوسط على امتداد الوطن العربي..

وفي الوقت الذي تروّج فيه الولايات المتحدة الأميركية للحرب ضد العراق وإدراج فصائل المقاومة الوطنية على لائحة الإرهاب، هناك من يدعو إلى رصّ الصفوف في كندا لدعم الأصوات المتعالية في العالم من أجل السلام. ويقول البيان، وهو للمرشح جو كومارتن على رئاسة الحزب الديمقراطي لخلافة ألكسا ماغدونا، من أيطاليا وألمانيا إلى إنكلترا وفرنسا وبقية الدول الأوروبية، هناك جماعات تعمل على تنظيم مسيرات في الشوارع للتعبير عن سخطها واستيائها مما يتعرّض له الآلاف من شعب العراق من جراء الحصار والتهديدات المستمرة. وعلينا ككنديين،

على اختلاف مذاهبنا السياسية، أن نقف بوجه تيار الحرب لمنع قيام مزيد من العنف على الشعب العراقي. وبالتالي علينا أن نقنع أصدقاءنا وجيراننا وحكوماتنا بالاقلاع عن فكرة الحرب والعمل على إيجاد تسوية سلمية لأن المتضرر لن يكون العراق وحسب بل منطقة الشرق الأوسط بأكملها. يجب أن نتكلم بأعلى صوت، من الكنائس والجوامع إلى المدارس ومراكز العمل، وأن نبدأ العمل بجهود متضافرة لوقف الحرب المأساة..

وفي هذا المجال، لا بد من الاشارة الى المواقف الواضحة لقائد الحزب الديمقراطي الجديد في أونتاريو السيد هاورد هامبتن الذي لم يترك مناسبة لدى الجاليتين العربية والاسلامية إلا ويحضرها تأكيداً على تعاطفه وتفهمه لقضاياها العادلة وتمشياً مع سياسة حزبه الداعية الى 'لانفتاح على جميع الشرائح الاجتماعية التي يتألف منها المجتمع الكندي دون تمييز، وهو بهذا لا يقوم بعمل سياسي وحسب وإنما بالتزام أدبي توجبه المبادئ التي يقوم عليها حزبه. أضف الى ذلك اجتماعاته الدورية بقادة الجاليات الاثنية المختلفة ومنها العربية والاسلامية للوقوف على آرائهم في القضايا الاجتماعية والسياسية المطروحة وهو الذي أكد في مناسبات عديدة على ضرورة العمل سوياً أكثر من أي وقت مضى لخدمة الحق والعدالة والسلام.

ويحضرني هنا ما قالته السيدة ألكسا ماغدونا الرئيسة الفدرالية للحزب الديمقراطي الجديد أمام مجلس العموم على أثر التعديات العنصرية التي تعرّض لها بعض أبناء الجالية العربية والاسلامية، قالت: لا أجد مبرراً لماذا على العرب والاسلام الكنديين أن يدخلوا هذه المعركة منفردين. إن الاساءة للواحد منهم هي إساءة لنا جميعاً ككنديين. وإن أحداث الحادي عشر من أيلول علمتنا الكثير عن بلادنا بمن فيها العرب والمسلمين الذين برهنوا على تعلقهم بالقيم الكندية كالعدل والمساواة والسلام. لقد آن لنا في هذه البلاد أن

ندرك بأن "محمد" و"علي" و"جهاد" هي أسماء كندية، وأن يتم التعامل مع أصحابها كما مع غيرها بالعدل والمساواة.

إننا إذ نشير الى مواقف بعض القادة في الحزب الديمقراطي الجديد، لا لننفي مواقف إيجابية منفردة لسياسيين آخرين من أحزاب أخرى وإنما لنثبت الموقف العام الذي يعبّر عنه قادته والذي ينفرد به الحزب الديمقراطي الجديد. وتأكيداً على ما نقول نورد ما جاء في رسالة لرئيسة الحزب الحالية ألكسا ماغدونا التي وجّهتها منذ أيام الى جميع الأعضاء والأصدقاء على أثر اقتراب نهاية ولايتها إذ قالت: "فيما نحن نناضل من أجل السلام في العالم، يجب أن ندرك التحديات التي تواجهنا هنا في بلادنا ومنها أنه على المسلمين في كندا أن يمارسوا طقوسهم الدينية دون خوف من التعدي والارهاب والاتهام. وإنني أؤكد أمام الجميع، أن سياسة الحزب الديمقراطي ستستمر برئاسة من سيخلفني، في مكافحة التفرقة العنصرية لإقامة العدل والسلام".

من هنا علينا أن نعي، كجاليات عربية، بأننا لسنا وحدنا في معركة الحق وإثبات الوجود. وإذا كان هناك من تنبّه لحقوقنا وقد قرر المضي قدماً في الدفاع عنها، الأجدر بنا أن نمسك بيده لنهتدي إذا ما ضللنا الطريق...! علنا نتمكن من تثبيت الجالية العربية في حضورها الكندي..

جان كريتيان والتعبير عن شعور الخائفين..

2003/3/5

لم تكن المبادرة التي أطلقتها الامارات العربية في قمة شرم الشيخ والتي تقضي بالطلب إلى صدّام حسين بالتنحي عن الحكم بحجة تفادي الحرب على العراق، بالاقتراح الجديد المبتكر بل إنها جاءت لتؤكد على مدى تأثير الاعلام الأميركي في أذهان بعض الحكام العرب الذين اعتادوا على تقييم الأمور وفق ما تمليه سلطة الوصاية خوفاً من غضب الوصي.

والطريف بالأمر أن يروّج للادعاء الأميركي القائل أن الولايات المتحدة إنما ترمي من حربها على العراق إلى التخلص من صدّام حسين وتحرير الشعب من عبودية النظام الديكتاتوري وإقامة النظام الديمقراطي بالاضافة إلى نزع أسلحة الدمار الشامل التي تهدّد الأمن في العالم موضوع قرار مجلس الأمن الدولي رقم 1441..

ألم يشعر هؤلاء بأن الولايات المتحدة التي أعلنت على لسان وزير خارجيتها كولن باول عن عزمها لرسم خريطة جديدة للمنطقة، إنما ترمي إلى السيطرة على المنطقة بأكملها دون تمييز بين نظام وآخر؟ وإذا سلمنا جدلاً بأنها وراء تحرير شعب العراق من نظام صدّام حسين لإقامة الديمقراطية وإطلاق الحريات، فإن الأنظمة القائمة على امتداد العالم العربي تخضع لذات "المواصفات العراقية"

وإن اختلفت تسمياتها. وهذا يعني أن تتجه الآلة العسكرية الأميركية للقضاء على الأنظمة العربية كافة "لتحرير الانسان العربي" وإشاعة العدل والديمقراطية في كل مكان. وماذا سيبقى للملوك والرؤساء "بعد خراب البصرة" ؟

وهنا نطرح السؤال التالي: ما الفرق إذا تنحّى أو لم يتنحّ صدّام طالما أن إحكام السيطرة على المنطقة هو الغاية الرئيسية التي تتطلع إليها الإدارة الأميركية سواء بموافقة دولية أو بدونها كما صرّح الرئيس بوش مراراً ؟؟

إن الذرائع التي أطلقتها أميركا لتبرير حربها على العراق والتي كانت تراهن عليها لكسب الدعم الدولي قد سقطت بأكملها في مواجهة الاعتراضات الرسمية للدول الكبيرة كالصين وروسيا وألمانيا وفرنسا بالاضافة إلى التظاهرات الشعبية الساخطة في كل بقاع الأرض:

. لم تتمكن الإدارة الأميركية من تقديم الأدلة التي تثبت ادعاءها بتورط العراق مع منظمة القاعدة بحيث تكون هذه الذريعة سبباً لاستكمال الحرب على الارهاب.

. ثبت للعالم عامة وللأميركيين خاصة أن العراق لا يشكل خطراً استراتيجياً على المصالح الأميركية. وأن التمسك بهذا الادعاء لم يكن إلا للتأثير على الرأي العام الأميركي واستدرار عطفه لترويج فكرة الحرب المعلنة . المؤجلة.

. فشلت الادارة الأميركية بالحصول على تأييد الدول الكبيرة لدعم حربها على العراق . وهنا يكمن بيت القصيد . وباعتقادنا أن اعتراض هذه الدول لم يكن اعتراضاً على الحرب بحد ذاتها وإنما

على السماح للولايات المتحدة من زيادة قدراتها ومواردها من تركة العراق النفطية لما يعزز موقعها في السيطرة على القرارات الدولية.

. تجاوب النظام العراقي مع أعمال المفتشين الدوليين والسماح لهم بتدمير الأسلحة التي لا تتوافق والشروط الدولية التي ذكرها القرار 1441. وبهذا يكون العراق قد فوّت الفرصة على مجلس الأمن الدولي في إصدار قرار جديد لإدانته.

ولم يبق من الادعاءات الأميركية سوى الذريعة التي تقضي بضرورة التخلص من النظام القائم وتحرير الشعب العراقي من ديكتاتورية صدّام حسين. ولهذه الذريعة لم تجد الادارة الأميركية أفضل من الأدوات العربية للترويج لها رغم أنها تخالف القوانين والأعراف الدولية.

وفي عودة إلى القانون الدولي العام والأنظمة المرعية الاجراء لدى الأمم المتحدة، نتبيّن أن تغيير النظام السياسي، في أي بلد من بلدان العالم، هو شأن داخلي ولا يحق لأية دولة مهما علا شأنها أن تتدخل به. وهذا الأمر يعرفه جميع الملوك والأمراء والرؤساء. ولكن مع الأسف لم نسمع من أي منهم اعتراضاً أو تعليقاً ولو خجولاً يحفظ ماء الوجه.

لقد أثار هذه النقطة بالذات، وبصوت عالٍ، رئيس حكومة كندا السيد جان كريتيان لدى زيارته إلى المكسيك الأسبوع الماضي في إجابته على أسئلة الصحافيين حول الموقف الكندي من الحرب المحتملة على العراق حيث قال: "يقوم المفتشون الدوليون بعملهم في العراق بتعاون مع السلطة. أرى بأنه يجب تمديد مهلة العمل بحسب ما تقتضيه الظروف. ولهذا فإننا ننتظر قرار مجلس الأمن

الدولي ونؤكد بأن كندا لن تتصرف إلا وفق الارادة الدولية. أما مسألة الاطاحة بصدّام حسين فهذا شأن داخلي عراقي بحسب القوانين والأعراف فضلاً عن أننا نرفض التعاطي مع أمر كهذا بمزاجية فوقية، ونعتبره سابقة خطيرة لا تحمد عقباها".

تحية لرئيس الوزراء جان كريتيان لأنه عبّر عن شعور الخائفين المستسلمين من حكام العرب..

بيار حلو.. رجل المواقف في زمن المساومات

2003/8/6

لعلّ ما أثقل صدره وأسكت قلبه الكبير "حديث الساعة" على شاشة "المنار" الذي كان يدور حول الوضع الاقتصادي والاجتماعي الراهن في لبنان. يقول عماد مرمل الذي دعا بيار حلو إلى الاشتراك في البرنامج لمحاورة النائب عبد الله قصير ومستشار وزير المال أديب فرحة.. "كان تجاوبه سريعاً وحاراً لرغبته في "الفضفضة" عله يستريح.." وبالفعل قال حلو كلمته . الوصية ومضى ليستريح..

لقد كان الوضع اللبناني العام شغله الشاغل. لم يتأثر يوماً بوباء الطائفية أو المناطقية بل كان يتألم لآلام الناس وينتقد السياسات الخاطئة من أية جهة أتت مؤكداً على أنه لن يهدأ له بال إذا استمر البعض باستغلال المواقع السياسية لتحقيق المكاسب الشخصية وتنفيذ الاجراءات الكيدية على حساب الوطن وحقوق المواطن..

لم أتطرق اليوم للكتابة عن الراحل الكبير لأنقل ما جاء في الصحافة اللبنانية أو ما قال فيه وعنه عارفوه ومحبوه على أثر وفاته المفاجئة وهو الذي سيفتقده كل لبنان.. بل لأكتب عن صديق عرفته منذ اليوم الأول لدخوله معترك السياسة اللبنانية حيث انتخب نائباً عن قضاء عاليه عام 1972 وكنت آنذاك رئيساً لمجلس إنماء قضاء عاليه، أعمل من أجل إنماء القضاء إلى جانب مجموعة

مخلصة من شباب المنطقة هم السادة مراد الخوري، ميشال أبو شاهين، عدنان العريضي وغسان حتي، وكنا نحن الخمسة الأعضاء المؤسسين لمجلس الانماء.

في العام 1973 عين بيار حلو وزيراً للصناعة والنفط في حكومة صائب سلام التي أطلق عليها اسم "حكومة الشباب". وكان تعيين بيار في هذه الحكومة مجالاً لنتعرف عليه عن كثب وطلب المساعدة رسمياً لمجلس إنماء قضاء عاليه لاعتبارين اثنين: كونه وزيراً في الحكومة وفي ذات الوقت نائباً عن منطقة عاليه.. ولدى اجتماعنا إليه بادر إلى القول مازحاً بابتسامته العريضة التي لم تكن تفارق شفتيه: "سمعت أنكم تعملون على فتح حكومة على حسابكم في منطقة عاليه.. شو نحنا مش عاجبينكن..؟". فضحك الجميع ثم جلسنا لمناقشة المشاريع التي كنا قد أعددناها وهي تتلخص باجراء مسح شامل للقضاء يبين الحاجات والثغرات في مختلف القطاعات، للعمل فيما بعد على سدها بتعاون بين الادارة الرسمية من جهة والقطاع الأهلي من جهة ثانية نتفق على صيغتها فيما بعد. ولم يكن لبنان في أوائل السبعينات أفضل حالاً عما هو عليه اليوم ولم يكن تنفيذ مشروع كهذا ممكناً دون المرور بالوسطاء والمنتفعين، إلا أن بيار حلو أصر على تقديم المساعدة وسجّل في مفكرته بعض الملاحظات لإجراء الاتصالات اللازمة ببعض المسؤولين ولكن حدث ما ليس بالحسبان.. طارت الوزارة، رغم أنها عمّرت لوقت ليس بالقصير بعد تاريخ اجتماعنا به، قبل أن يسمع جواباً من أحد..

لم يتسن لنا اللقاء بالصديق الراحل طوال فترة الحرب الأهلية اللبنانية التي اجتاحت كل الوطن وغيرت ملامح وشخصيات كثيرة،

إلا أنها لم تغير في بيار حلو شيئاً.. ولدى لقائنا به في أوائل التسعينات، كان اندفاعه للعمل لا يوصف وكأنه أراد أن يسرّع الخطوات ليعوض على البلد ما فاته في سنوات الحرب.

***

لم يدخل بيار حلو يوماً في مساومة أو تسوية طمعاً بمنفعة أو مكسب خاص..

آمن بالوطن وكرامة المواطن منذ اليوم الأول لمسيرته السياسية يوم وقف إلى جانب الامام موسى الصدر يطالب للمحرومين بحق العدالة والمساواة..

كان جريئاً في مواجهته وعنيداً في مواقفه لأنه كان صادقاً مع نفسه ومع الآخرين..

رفض رئاسة الجمهورية على أثر اغتيال الرئيس الشهيد رينيه معوض بعد أن كاد يحقق إجماعاً نيابياً على تسميته للرئاسة الأولى، لأنه "لا يريد أن يلوث يديه بالدماء البريئة" على حد تعبيره..

كان بيار حلو المرشح أبداً لرئاسة الجمهورية منذ أن دخل المعترك السياسي. وأذكر أننا كنا نناديه بفخامة الرئيس منذ العام 1974 وكان يضحك كلما فعلنا..

مع غياب بيار حلو، يفقد لبنان وجهاً باسماً أحبه الجميع ومحاوراً صريحاً يعرف ماذا يريد دون لف أو دوران..

نذر حياته السياسية من أجل الوفاق الوطني ولم يبدّل بالمواقف للحصول على المواقع.

كان باختصار، في تعاطيه الانساني أو السياسي، رجل المواقف في زمن التسويات والمساومات..

عاشقون للتخلف والجهل..

2005/6/5

في محاولات كثيرة ومتكررة عبر سنوات الاغتراب العربي، سمعنا من يدعو إلى الوحدة في العمل والتنسيق بين مختلف القطاعات لتحقيق أحلام مستقبلية من أجل الناشئة العربية التي تعيش اغتراباً قاسياً بعيداً عن تاريخها وتراثها وعاداتها وتقاليدها.. ومن المفروض أن تكون قد تحوّلت هذه الأحلام بفضل المحاولات السابقة المتكررة، إلى بديهيات أو مسلمات من الواقع الملموس. إلا أننا، وللأسف، نجد أن ما نطمح إليه ونعمل من أجله اليوم تبعدنا عنه مسافات، وليس ما نقوم به سوى سعي أو محاولة تضاف إلى المحاولات السابقة. ويبقى الحلم الذي ننتظره، كما انتظره غيرنا، هو الآخر في طور الأحلام..

والسؤال الذي نطرحه على أنفسنا في كل مناسبة: ما الذي يجب فعله في مجال التربية والتعليم لنحفظ ناشئتنا ونبقيها على عاداتنا وتقاليدنا "العريقة" التي نعتبرها أساساً صالحاً لتربية صالحة. هلا سألنا أنفسنا ولو مرة عمّ إذا كانت فعلاً هذه العادات والتقاليد قاعدة مثلى للعمل التربوي بعد أن تعرفنا إلى أساليب وتقاليد مغايرة لها في رحلة اغترابنا.. وللاجابة على هذه التساؤلات أتمنى أن يعود كل منا إلى ذاته ويفكر ملياً قبل التسرع في الاجابة.

كثيراً ما نتغنى في مجالسنا "الجاليوية" بالعادات والتقاليد الموروثة التي حملناها معنا من بلاد المنشأ. وكثيراً ما نتشدد في الطرح والموقف للحفاظ عليها في بلاد الاغتراب والعمل ما أمكن على تلقينها إلى أطفالنا وناشئتنا، هذه الناشئة التي نعتبرها الجسر الذي يربط حاضرنا بمستقبل نرجوه مضيئاً فاعلاً يحفظ لنا وجهنا ويجنبنا الانزلاق في غربة عن الذات بعد أن أضنتنا الغربة عن الأهل والوطن.

ومن أجل الحفاظ على العادات والتقاليد، نقيم الندوات الفكرية والاحتفالات الخطابية واللقاءات الاجتماعية، في محاولة لتذكير بعضنا البعض بأهمية تقاليدنا الموروثة لكونها تعبّر عن قيمنا الحضارية التي لا يمكن التخلي عنها. وإن حضارتنا العربية كانت الأولى في سباق الحضارات المتوسطية ومنها استمد الغرب الأداة الصلبة لنهضته الانسانية والثقافية والعمرانية. وكأن الممارسة في كل ما نأتيه في حياتنا اليومية تذكير لتفوقنا الحضاري ورفض لما يدور حولنا من عادات وتقاليد غربية هي غريبة عن عقولنا نخاف على أولادنا الانزلاق فيها والضياع..

والغرابة هنا ليست في إحياء التراث وتلقينه إلى الأجيال العربية أو المفاخرة به ونشره إلى العالم، وهذا نعتبره حقاً طبيعياً إلى جانب كونه واجباً يمليه علينا شرف الانتماء والتابعية الوطنية، وإنما الغرابة في عقول تحجرت على ارتكاب الخطأ والانحراف ويدّعي أصحابها التمسك بالعادات والتقاليد. فالتقاليد التي نمارسها يجب أن تكون المظهر الحسي للقيم التي نؤمن بها أي قيم الحق والخير والجمال.. كمن يعترف بالحق له وعليه ويسعى بالخير لنفسه

ولغيره.. ولهذا قيل فيما مضى أنه لا يمكن أن نحفظ قيمنا إلا إذا عرفنا كيف نحافظ على عاداتنا وتقاليدنا.

غير أن العادات والتقاليد لم تتوقف عند هذا المفهوم عبر العصور، إذ أضيف عليها كثير من العادات والممارسات الدخيلة الناجمة عن أمراض فتكت بمجتمعنا، كالعصبية الطائفية والتبعية الاقطاعية والاستسلام للأمر الواقع وغيرها. إنها عادات غريبة عن قيمنا الأصلية إلا أننا ألفنَها وأدخلناها في عداد أعرافنا وتقاليدنا فعطلت نمونا وارتقائنا وعملت، في تقهقرنا الاجتماعي، على تشويه معالمنا الحضارية.. قد تكون عملية تطهير العادات والتقاليد من شوائبها أمراً صعباً أو مستحيلاً على أرض الوطن نتيجة الضغوطات الاجتماعية وتردي الحالة الاقتصادية والأمنية أحياناً ولكن.. ما هي المعوقات التي تواجهنا هنا في بلاد الاغتراب...؟ يمكننا أن نكتسب فضائل الحياة الكندية في تفاعلنا الاجتماعي من غير أن نتخلى عن قيمنا وتقاليدنا العريقة التي تشكل أداة مميزة للتبادل الثقافي والحضاري مع الغرب.

إننا نعيش عصراً تسير فيه التطورات والتغيرات بخطى سريعة لن تفلت منها عاداتنا وتقاليدنا. فالعادات والتقاليد هي الأخرى قابلة للتطور بحيث نبقي على المضمون الجيد ونقلع عن الشكل البالي الذي أقعد طموحنا وعرقل تقدمنا، ولا يكون ذلك إلا بالوقوف على الداء واختيار ما يناسبه من دواء.

إن اعتماد المنطق ءالوعي كفيل بأن يفتح لنا كل الطرقات، أما التصلب والتمسك بانتقاليد الموروثة التي ثبت فشلها، لا يؤدي بنا إلا إلى الطريق المسدود... وعلى حد تعبير صديق كريم قال لي

ذات مرة: المهاجر العربي هو أحد إثنين: طالب للعلم أم هارب من الظلم. وما أراه في تصرفات الكثيرين ممن جاءوا إلى هذا البلد ما يثير الدهشة والاستغراب والتساؤل.. إلى أي فريق ينتمي هؤلاء المتقوقعون القابعون خلف ستائر الظلام..؟ فهم حتماً ليسوا طلاب علم أو هاربين من الظلم، بل هم عاشقون للتخلف والجهل..

جورج حاوي.. الرمز الذي غاب

ألقيت هذه الكلمة بتاريخ 2005/8/2 في احتفال تأبيني ضخم أقيم للمغفور له جورج حاوي في تورنتو ـ كندا، في ذكرى الأربعين على استشهاده.

2005/8/2

من اغتال جورج حاوي.. بل لماذا يُغتال جورج حاوي؟
كلمات تتردد على كل شفة.. ولسان حال كل منا يقول: من سيكون التالي على لائحة الجناة.. وكيف يمكن لوطن تجتاحه رياح الموت والاذلال أن يتعافى فيشكل ضمانة وحماية لمواطنيه.. وكأني بالشهيد الكبير الذي لم يأبه لسطوة جلاديه المأجورين، ينضم مختاراً، وقد شدَّه اشوق إلى قافلة العاشقين.. العاشقين تراب الوطن من أجل الحياة.
لماذا يُنصب جورج حاوي هدفاً للقاتلين الجهلة.. وهو لم يحمل سلاحاً ولم يرم حتى بحجر؟
ألأنه آمن بشعبه الصابر على مذبح الشهوات والقهر والاستغلال..
أم لأنه بشّر بقدرة هذا الشعب على الصمود ليوم القيامة..
ألأنه كاتب البيان.. لأول عملية استشهادية ضد جنود الاحتلال عام 1982.. أم لأنه اختار العنوان الجريء في وصف الصراع مع إسرائيل بالقول: إنه صراع وجود وليس صراع حدود.

ألأنه آمن بالحوار والاجتهاد والمرونة مدخلاً للتغيير.. أم لأنه ارتضى مد الجسور إلى الأنظمة القمعية السائدة في العالم العربي تمهيداً للانقضاض عليها..

ألأنه جاهر بفصل الدين عن الدولة ودعا إلى إقامة الدولة العلمانية على دعائم العدل والمساواة.. أم لأنه آمن بأن الانسان في لبنان ينتمي إلى وطن وليس إلى طائفة..

لأجل كل هذا وأكثر سقط جورج حاوي في قبضة الجلاد المتخفي تحت عباءة النظام الطائفي. هذا النظام الذي اختاره لنا المستعمر هدية معلبة عشية الاستقلال، ممنوع علينا العبث بها، لتكون سلوتنا الوحيدة في سجون الاستقلال المزيف الذي نقيم له الاجلال والاكبار في كل مناسبة..

هذا النظام الذي نلعنه ونعشقه في آن معاً. نلعنه بأقوالنا ونعشقه بأفعالنا.. ونصدّق بجهالتنا أننا تخطينا مرحلة الطائفية والهمجية، فننزل إلى ساحة الحرية في الرابع عشر من آذار، لنقرع الطبول ونصمّ الآذان بالأناشيد الوطنية إيذاناً بالانتفاضة من أجل التغيير والاصلاح والديمقراطية.. ونعجب بعد حين عندما تعلن نتائج الانتخابات، أننا أعدنا بأيدينا رموز النظام الطائفيين إلى قواعدهم سالمين.. فسلام على الحرية وسلام على العلمانية وألف سلام على الديمقراطية..

ما يحدث على أرض لبنان ليس بالجديد أو المتجدد.. ولا هو بالفريد أو المنفرد.. شأنه شأن ما يحدث في سائر كيانات المشرق العربي التي اعتاد زعماؤها الطائفيون على طأطأة الرأس للغرب وتنفيذ إرادته على حساب الكرامة الوطنية. وكأن عقداً أو تعاقداً قائماً بين الاستعمار ورموز الطوائف، في زمن الاستقلال، يقضي بالاقتصاص من أعداء الطائفية والابقاء على التخلف والرجعية. فمنذ اغتيال أنطون سعادة عام 1949 إلى اغتيال كمال جنبلاط عام

1977 وجورج حاوي اليوم، الأشكال والأسماء تتبدل أما المجرم
فواحد.. ليتهم كانوا يعلمون..

الويل لأمة تشرّع صدرها للغزاة المعتدين وتحفر بجهلها طوعاً
قبور أبطالها المناضلين..
لم تمتد يد الغدر إلى الشهيد المناضل لأنه قاتل أو حاور أو عاند..
وإنما لكونه يحمل فكراً متحرراً قد يشكل خطراً على النظام
الطائفي السائد. لقد اغتيل جورج حاوي، هذا الرمز الذي غاب،
ليس لما حقق في مسيرته السياسية والنضالية حتى الآن وإنما
تخوفاً مما قد سيحقّقه مستقبلاً بنهجه المتطور.. فعبثاً نفتش عن
الجناة أو نصوّب أصابع الاتهام شزراً وافتراضاً.. إن الجناة
مكشوفون لأنهم يسكنون في داخل كل منا. فإن لم نقتلع تلك السموم
من جذورها، لن نقوى على التغيير. ليت أننا ندرك كما أدرك
الشهيد أن النظام الفاسد لا يمكن أن ينتج صلاحاً أو إصلاحاً..

ونسأل من ولماذا وكيف.. لم يعد ما يوجب السؤال.. كلمات قليلة
تختصر سيرة المناضل الكبير: إنه العاشق للحياة أبداً حتى
الشهادة.. من دون أن يبلغ نهاية..!

رحلة خاطفة إلى العالم الآخر..

رحلة ليست كسائر الرحلات التي ألفتها أو عرفتها.. لا برنامجاً معداً لها أو تحضيرات.. لا إقلاع فيها أو إبحار.. لا مشيئة بالرحيل والأسفار.. بل خطئٍ "كتبت عليّ" فمشيتها.. مشيتها.. إلى وجهة لا أعرف أبعادها.. إلى كوكب لا يحدّه مكان أو زمان.. إلى عالمٍ تطفو على وجهه السعادة وتنتفي في أعماقه الأحزان.. إلى وجود يخرج عن متناول الظلمة الخانقة.. إلى مجرةٍ لا يسكنها جنّ المحْل.. إلى فرح أبدي تخاله نبع الجمال.. إلى حيث ترمي عن كاهلك كل آلام الأرض وأعبائها.. وتسبح في فضاء من نور.. وتعشق الحياة..

رحلت إلى ذلك العالم ورجعت. غير أنني لا أعرف من أين دخلت ولا كيف أو لماذا خرجت.. فلا أين ومن . أو كيف ولماذا . تلقى في رحلتي أي جواب.. سرٌّ سيعيش في ضميري إلى أن يقضي الله علماً بما لا يدركه الناس فيبصرون ويعلمون..

أما تفاصيل الرحلة فهي كالآتي: بتاريخ الثامن عشر من شهر نيسان (إبريل) 2006 كنت في اجتماع عمل مع الصديق السيد عناد عودة في قاعة الاجتماعات التابعة لمقر شركته التجارية في مدينة تورنتو، وكانت الساعة تشير إلى الخامسة من بعد الظهر. وكان الحديث الدائر بيننا يتناول بعض الأعمال المشتركة المنوي

تنفيذها خلال فصل الصيف القادم. وكان يمازحني عناد وينتقدني بين الحين والآخر لأنني كنت قليل الكلام في ذلك اليوم على غير العادة. فأجبته قائلاً: "ما رأيك لو نؤجل الاجتماع إلى وقت آخر؟" وكنت قد بدأت أشعر بالتعب وبشيء من الضغط على صدري وقد أخذ العرق يتصبب على جبيني بالرغم من أننا كنا في فصل الربيع، لا حر فيه أو رطوبة، لا بل يميل إلى البرودة أو حتى البرد وكأنه متمم لفصل الشتاء.. لم يوافقني عناد على تأجيل الاجتماع إلا عندما لاحظ إصراري وكان قد بدا على وجهي الشحوب والعياء فسألني على الفور: " ماذا تفعل عادة في مثل هذه الحال؟". فنظرت إليه وابتسامة الألم على شفتي: "هل تعتقد أنني أصاب بنوبة قلبية كل يوم؟". نظر إلي كمن أصيب بالدهشة مع شيء من الخوف وقال: "لا.. لا قدّر الله. لا تدع التشاؤم يسيطر عليك!!". فأجبته باختصار وكان قد ضاق صدري إلى أبعد الحدود ومن غير أن أتأكد فعلاً بأنها نوبة قلبية: " أرجوك.. إلى الطوارىء.."

وبأسرع من سيارة الاسعاف، نقلني عناد بسيارته إلى المستشفى القريب. ودخلنا قسم الطوارىء هناك بأقل من عشر دقائق بعد معركة حامية مع مسؤول الأمن الذي رفض إدخالي إلى غرفة العناية الطارئة بحجة احترام الدور بالرغم من التأكيد له على خطورة الحالة التي أعاني منها وأنه من غير الممكن انتظار الدور. وأؤكد هنا إلى من يهمه الأمر (وهذه الحادثة تتكرر في جميع المستشفيات الكندية والخطأ ليس خطأ الموظف بل النظام الصحي بشكل عام)، أن حالتي ازدادت تدهوراً بعد الحدة التي أصابتني من جرّاء تصرف رجل الأمن الأرعن..

*****

المشهد، على السرير في غرفة العناية الفائقة ومن حولي: ممرضات وممرضون، أطباء ومساعدون وتقنيون. البعض يهتم بقياس ضغط الدم والبعض الآخر بجهاز الأوكسيجين. أحدهم يحضر جهاز التخطيط والمراقبة الدائمة وآخر يسحب الدم من عروقي لإجراء الفحوصات عليها. باختصار، الكل مشغول والكل يريد مساعدتي ومداعبتي والابتسامة على شفاههم بقصد إعطائي الأمل والراحة النفسية وبعض القوة لمواجهة الحالة الصعبة التي تعترضني. والحقيقة لم يخطر ببالي أن حالتي كانت بهذه الخطورة وتستدعي كل هذا الاهتمام إلا بعد أن شاهدت هذه "المظاهرة" من حولي. وهنا أعترف وللمرة الأولى، أنني شعرت بالغربة القاتلة بين أيدي الممرضين والممرضات رغم اهتمامهم الفائق، وافتقدت في هذه اللحظة الصعبة من أحب ويحبني ليكون بقربي لأنني أؤمن، وهذا ليس بالجديد، بأن نصف العلاج الذي يقدم إلى المريض. أي مريض . هو عاطفة من زاد المحبة والنصف الآخر من وصف الدواء..

دقائق معدودة تمر على هذا المشهد قبل أن يطل الطبيب المختص. الأسئلة تتكرر على ألسنة الممرضين والممرضات الذين لم يغادروا الغرفة أبداً بل ظلوا هناك ينظرون إليَّ وكأنهم ينتظرون حدوث شيء ما.. بماذا تشعر الآن..؟ متى أكلت آخر مرة..؟ ما نوع الطعام الذي تناولته اليوم..؟ ماذا كنت تفعل عندما شعرت بألم في صدرك..؟ ما هو نوع العمل الذي تمارسه..؟ هل لديك

91

حساسية لأي نوع من أنواع الأدوية..؟ هذه وغيرها من الأسئلة كانت تنهال عليّ من كل صوب حتى أفقدتني الصواب.. أذكر هنا أنني شعرت ببعض فقدان التوازن وعرفت أنني سأغيب عن الوعي فصرخت بأحد الممرضين مستنجداً.. وكانت الغيبوبة أو الغياب عن مسرح الطوارىء في المستشفى إلى مسرح آخر لا أعرف حدوده، لأبدأ رحلة خاطفة إلى العالم الآخر..

فبالرغم من أن الرحلة لم تستغرق وقتاً طويلاً، دقائقَ قليلة أو ثوانٍ ربما، إلا أنني انتقلت إلى عالم غير عالمنا الأرضي وشاهدت فيه منظراً بديعاً يعكس سعادة لا توصف ولا تتوقف عند نهاية.. فالحياة هناك لا يحدها زمان أو مكان.. فهي دائمة متطورة، تعبر كل الأزمنة وكل الأمكنة. الحياة هناك لا تتوقف عند جدار فاصل بل تعبر كل الحقول وتتجاوز كل الحواجز. الناس هناك أشكالهم واحدة، ولونهم واحد والجميع في خدمة الجميع، ولو من عالم غير عالمهم.. يهللون ويبتسمون وينتشون.. إنها نشوة السعادة التي لا مكان لها في عالمنا الأرضي.. الحق أقول لكم: لقد شعرت وأنا أقف بين هؤلاء الناس أنني أسعد الأحياء على الاطلاق. سعادة لا توصف، ليس لأنني أعجز عن وصفها ولكن لأن ليس فيها ما يوصف سوى الشعور بالتفوق والرغبة التي تشدني إلى البقاء هناك. وكنت أخاف أمراً واحداً فقط هو أن يرجع بي القدر إلى الوراء فيعيدني إلى العالم الأرضي، عالم الشر والفساد..

وما هي إلا ثوانٍ، حتى شعرت بمن يجر بي إلى العودة من حيث أتيت. فسمعت هتافات الممرضين والممرضات الذين يصرخون ابتهاجاً لتمكنهم من إنقاذ حياتي والعودة بي إلى مسرح الطوارىء.

فنظرت إلى من حولي فأصابتني الدهشة مما سمعت ورأيت لكن سرعان ما استوعبت الأمر وعرفت فيما بعد أن قلبي توقف عن الخفقان نتيجة النوبة الحادة مما استوجب الممرضين استخدام الصدمات الكهربائية لإعادة الحياة إليه.. قمت خلالها بزيارتي الخاطفة إلى العالم الآخر.

وهنا أطرح السؤال: فهل كانت رحلتي هذه حقيقة أم كانت خيالاً؟. وكيف يفسر لقائي بالأشكال المختلفة من الناس الذين صادفتهم في عالم ليس كعالمنا وفي حياة ليست كحياتنا وبصفاء روحاني لا مثيل له على أرضنا..

هل يمكن بأن تكون روحي، كما يفسر البعض، هي التي انتقلت من المكان بانفصالها عن جسدي بعد أن توقف القلب على مسرح الطوارىء ثم عادت إليه بعد نجاح الصدمات الكهربائية وعودة الحياة إليّ...؟ أو ربما كانت رحلتي هذه مجرد حلمٍ راود روحي الهائمة التي خرجت تفتش عن ملاذ تقصده...؟ وهنا ينبري السؤال الأكبر: من المؤكد أن الروح تحلم في اتصالها بالجسد.. فهل هي تحلم في انفصالها عنه؟؟

عادت بي الذكرى وأنا اردد تلك الأسئلة في محاولة للإجابة عليها، فاستعرضت حادثة مماثلة وقعت منذ ما يزيد عن خمسة وعشرين عاماً مع الموسيقار الراحل عبد الغني شعبان بحضوري شخصياً وكانت تربطني بالمرحوم صداقة متينة (وعبد الغني شعبان هو موسيقار لبناني له أعمال كثيرة معروفة وكان لفترة غير قليلة أستاذ التاريخ الموسيقي في المعهد الموسيقي الوطني). وخلاصة الأمر أنه أصيب بنوبة قلبية أدخل على أثرها المستشفى حيث أجريت له الاسعافات اللازمة. قصدته للزيارة في اليوم الثاني لعودته إلى

البيت فوجدته نائماً. ولما قررت المغادرة، أصرت عليّ زوجته الانتظار حتى يستيقظ (عملاً بتعليماته) ففعلت. ولم أنتظر كثيراً حتى سمعته ينادي زوجته ليسألها عني. فدخلت إليه وفوجئت بالحفاوة والحرارة التي استقبلني بهما بعد أن كان المرض قد حد من قوته ونشاطه. وبحق شعرت وكأنني أواجه إنساناً صحيحاً معافى لا يشكو من شيء.. سررت لحاله وشكرت الله على شفائه. فبادر إليّ القول بسرعة: خالد، لقد جئت في الوقت المناسب. أرجو منك أن تدون ما سأقوله لك الآن فوراً قبل أن أنسى الوقائع والتفاصيل.

فقلت هات فاستطرد قائلاً: "لقد تحقق الحلم الذي راودني طويلاً. فقد أنجزت السمفونية الخالدة ووجدت لها الاسم الملائم". فقلت ما هو؟ قال: "جنة الموسيقيين". وبالفعل فقد أملى عليّ أسماء الحركات الأربع للسمفونية (movements 4) مؤكداً عليّ بعدم السماح لأحد بتعديل أي حرف فيها والعمل على تنفيذها وتسجيلها في أحدث استوديو مع كبار الموسيقيين اللبنانيين، إذا قضى الله أمراً كان مفعولاً..

كانت هذه كلماته الأخيرة وقد استسلم لله في اليوم ذاته، بالرغم من التحسن الذي كان بادياً عليه كما أشرت آنفاً. وعرفت فيما بعد أن الغفلة التي كان فيها قبل أن يستيقظ، لم تكن نوماً كما ذكرت زوجته بل كانت نوعاً من الإغماء وفقدان الوعي. وأذكر أنه ركز على القول بأنه كان يسير على طريق طويل لا نهاية له يكسوه اللون الأخضر حيث شاهد الناس تسير عليه أفواجاً. أما هؤلاء الناس، بحسب وصفه، ليسوا كناس عالمنا بل هم مثلثو الأشكال، ولونهم أخضر من لون الطريق. وكان كلما قطع في الطريق شوطاً

تلاشى الاخضرار حتى قارب اللون الرمادي ثم تلاشى الرمادي ليقارب الأبيض. وكان أن عاد إلى صوابه عندما اتحدت مشاهداته باللون الأبيض وظهر له عنوان السمفونية التي حدثتي عنها وقد سماها: "جنة الموسيقيين".

لست أدري كيف أربط ما بين رحلة عبد الغني شعبان من خمسة وعشرين عاماً ورحلتي أنا بالأمس إلى العالم الآخر. هل هي حقيقة أم خيال..؟ أياً كان الجواب، يبقى القاسم المشترك بيننا هو ذلك الشعور بالسعادة الذي لا مكان له على الأرض.. فهل من عبرة نتلقاها لننقلها إلى من يهمه الأمر..؟؟

مرة ثانية.. قانا: عنوانٌ لمجزرة..!

2006/8/5

ليست هي المرة الأولى التي تدق فيها أجراس قانا حزناً على أطفالها.. وليست هي المرة الأولى التي تدفع فيها قانا دماء أطفال كانوا يحلمون بغدٍ واحدٍ يعزز فيهم شرف الانتماء إلى قانا، فإذا بهم يسقطون ويسحقون وتسحق معهم أحلامهم ويسطع مرة أخرى اسم قانا عنوانا لمجزرة.. وكأن في كل هجمة بربرية على لبنان، تنبري قانا وأطفالها ليشكلوا الدرع الواقي من أجل أن يسلم لبنان.. فهل يسلم هذه المرة ويعيد التاريخ نفسه..؟

لن نذهب لنلقي اللوم على بني إسرائيل ومطالبتهم التقيد بشرعة حقوق الانسان لأن الانسانية لا تتلاءم مع همجيتهم، فبالنسبة لهم لا حقوق مشروعة لأحد في العالم غير حقوقهم. وإذا اعترفوا بحق لغيرهم فإنما لمصلحة قد تعود عليهم من جراء ذلك الاعتراف. إن تاريخهم يشهد عليهم ومن يراهن على أنهم يتغيرون بمقتضى تغيرات هنا أو هناك فإنه واهم ولا شك..

يطالعني هنا ما جاء في كتاب "سأخون وطني" للكاتب الساخر محمد الماغوط حيث يقول: "أمة بكاملها تحل الكلمات المتقاطعة وتتابع المباريات الرياضية والمسابقات الفنية على شاشة التلفزيون أو مسلسل السهرة، وفوهات البنادق الاسرائيلية مصوبة إلى جبينها

وأرضها وكرامتها وبترولها.. كيف أوقظها من سباتها وأقنعها بأن أحلام إسرائيل أطول من حدودها بكثير، وأن ظهورها أمام الرأي العام العالمي بهذا المظهر الفاتيكاني المسالم لا يعني أن جنوب لبنان هو نهاية المطاف..!

فهي لو أعطيت اليوم جنوب لبنان طوعاً واختياراً لطالبت غداً بشمال لبنان لحماية أمنها في جنوب لبنان..

ولو أعطيت كل لبنان لطالبت بتركيا لحماية أمنها في لبنان..

ولو أعطيت تركيا لطالبت ببلغاريا لحماية أمنها في تركيا..

ولو أعطيت أوروبا الشرقية لطالبت بأوروبا الغربية لحماية أمنها في أوروبا الشرقية..

ولو أعطيت القطب الشمالي لطالبت بالقطب الجنوبي لحماية أمنها في القطب الشمالي.."

إن ما أراده الماغوط في هذا الطرح الساخر إنما الكشف عن نوايا إسرائيل العدوانية وأطماعها التاريخية الدائمة في التوسع بأي ثمن وعلى حساب أي كان من جيرانها غير آبهة بالقيم التي يتمسك بها العالم ولا بشرعة حقوق الانسان ولا بالقوانين والشرائع الدولية..

كذلك لن نذهب لنلقي اللوم على الأخوة المتربعين على العروش العربية، فهؤلاء قدموا للقضية أكثر من طاقتهم من الاستنكارات والادانات و"التهديدات" أحياناً، حتى أنه باتت للبعض منهم إطلالات مكثفة على الفضائيات لشرح وتحليل المواقف السياسية والاقتصادية والأمنية وسرد التنبؤات والتطمينات ومثال ذلك: "قد يتمكن العدو من قتلنا وتدميرنا بآلته الشرسة.. ولكنه لن يتمكن من تصميمنا وإرادتنا.." أو "وحدتنا الوطنية كفيلة بإحباط المؤامرة" أو

"إذا استمر الطيران الاسرائيلي باختراق مجالنا الجوي سنضطر إلى مواجهته.." إلى آخر معزوفة "البهورات" والمزايدات التي تطمئن العدو على أننا لا نزال على العهد.. "متخاذلون" .

هذا العالم العربي، من المحيط إلى الخليج، حزين اليوم لما حل بلبنان من مآسٍ وقتل ودمار . البعض يوهبه المواد الغذائية والبعض الآخر المواد الطبية ومعظمهم يهدونه التحية، عله بمئات الملايين من "التحيات" ينتصر..
ثم كيف نلوم الأخوة العرب الذين أفسدنا عليهم المزاج بمشاهد القتل والدمار على الفضائيات بدلاً من مشاهد "سوبر ستار" والاستعراض الرائع على أنغام "الواوا بح".

إننا نعيش في فوضى المفاهيم واضطراباتها ونقيم توازنات وهمية سرعان ما نصدقها ونعتبرها حقيقة واقعة. نتحدث عن العيش المشترك ونشدد على تطبيقه في حين أن ما يلزمنا هو العيش الواحد وليس العيش المشترك.. كذلك قل عن المصير والمسار.. نتكلم عن الديمقراطية التوافقية ونحن نعني التوافق بين الطوائف وهذا لا يمكن أن يعني "ديمقراطية" بأي شكل من أشكالها. وعلى العكس مما ندعي، فنحن ندين بالنظام الطائفي وندعي الانفتاح والديمقراطية.. عدد الأحزاب في لبنان يفوق المئة ما عدا الطوائف والمذاهب ونقول بالوحدة الروحية والوطنية. نختلف مع بعضنا البعض في كل كبيرة وصغيرة حتى التجريح والتخوين وندعي بأننا متفقون.. فما بعض الحرب التي يطاولنا قصفها اليوم سوى نتيجة لهذا الواقع الانفصامي المتردي الذي نعيشه..

لن أذهب بعيداً للتفتيش عما أضيفه في هذه المناسبة الوطنية المؤسفة حيث لا يجدي غير الغضب..
فإلى الدماء الزكية التي سقطت في قانا، والتي ترسم اليوم انتصاراً جديداً، أنحني وأصلي..!!

سيداتي سادتي.. إنني أعلن سقوط الدهشة..!

2006/9/1

منذ اليوم الأول للحرب على لبنان التي استمرت ثلاثة وثلاثين يوماً، أصبت بالدهشة وذهلت كما ذهل كل مواطن في لبنان أو قل كل مواطن على امتداد العالم العربي، من هول القصف البربري الاسرائيلي على قرى الجنوب الذي أصاب الحجر كما البشر وخاصة هؤلاء المواطنين الآمنين الذين لا ذنب لهم سوى أنهم ولدوا بالصدفة في هذه الغابة من العالم المسماة بالبلاد العربية. إنها "الدهشة" ذاتها التي اعتلت الوجوه في بلادنا مراراً وتكراراً عبر التاريخ، وكادت تغير من ملامح إنساننا، هذا الانسان الذي ما عاد يتسع رأسه للضربات والهزّات والنكسات التي تأتيه من البعيد والقريب، من العدو والصديق، لتضاف إلى الويلات التي أصابته من قمع الأنظمة وشراستها والتي تكفي لأجيال كثيرة لم تولد بعد.. منذ اليوم الأول جلست أمام شاشة التلفزيون لأشاهد يوميات الحرب أول بأول. لأراقب كل ما يجري، ليس في لبنان وإسرائيل وحسب، بل في كل شبر من البلاد العربية ودول المحيط لأنني اعتبرت أن الأمر لا بد وأنه يعني كل البلاد العربية ودول الجوار كما يعني المقاومة ولبنان، خاصة وإن الحرب الباردة والساخنة دائرة منذ زمن بين دول الغرب وحليفتها إسرائيل من جهة، وإيران وحليفتها سوريا (حتى إشعار آخر) من جهة أخرى. وقد يخطر ببال المراقب

للتجاذبات السياسية التي كانت دائرة في المنطقة على امتداد شهور، أن حرباً من هذا النوع، ولألف سبب وسبب، قد تقوم في أي مكان في العالم ما عدا في لبنان ومع ذلك كانت الضربة من نصيب لبنان وقد فاجأت الكثيرين حتى الذين كانوا معنيين بالحرب. منذ اليوم الأول، استأذنت كل ارتباطاتي الاجتماعية والعائلية، واعتذرت عن متابعة كل عمل كنت أقوم به وكل شيء كنت أعده وتفرغت فقط لأدون ملاحظاتي اليومية حول الحرب الدائرة وكنت حريصاً على ألا يفوتني شيء من تفاصيلها لسبب أنني قررت أن أحلل سياسياً أو عسكرياً أو استراتيجياً لا فرق، المهم أن أحلل وأنشر تحليلي فيما بعد تيمناً بمن "يحللون ويحرّمون" على مزاجاتهم في التلفزيونات العربية ليل نهار وليس من رادع.. وليعذرني الأصدقاء والقراء الكرام.. "ما حدا أحسن من حدا".

وفي الأيام الأولى للحرب كنت أنتظر الاعلان عن وقف لإطلاق النار في كل نشرة للأخبار أو ملحق إخباري. وكانت تزداد دهشتي ويتعاظم ذهولي عندما كنت أسمع التأكيدات من الجهات الاسرائيلية على الاستمرار في الحرب.. في اليوم العاشر! واليوم الخامس عشر! واليوم الخامس والعشرين!! وكأن الحرب باتت تسير إلى اللانهاية وأهلنا في لبنان يستشهدون في كل يوم بالعشرات.. أخذت أفتش على الأخوة في العروبة، على تصريح أو تطمين أو تهديد "يفش الخلق"، من المحيط أو من الخليج.. دون فائدة. فعرفت اليوم، لأول مرة وبرؤية واضحة لا تقبل الشك، لماذا الفلسطينيون هم ناقمون على العرب..

فبعد أن كنت متحمساً لأراقب وأدون وقائع "الحرب" تمهيداً للتحليل و"التنظير" فيما بعد، فإذا بالمشهد يختلف تماماً: فنحن نواجه

عدواناً إسرائيلياً على لبنان وليس حرباً مع إسرائيل.. وكانت هذه أولى المشاهدات. وكثرت الأسئلة وكان أبسطها: لماذا تتفوق إسرائيل على العرب وعدد سكانها لا يتجاوز الأربعة ملايين بينما تعداد العرب يفوق المايتي مليون. وعندما تتمكن عزيزي المواطن العربي من الإجابة على هذا السؤال البسيط سيبطل العجب وتغيب عن محياك الدهشة.. فإما أن تعود إلى صوابك أو تفقده لا فرق..

. إسرائيل دولة واحدة وذات أهداف واحدة. أما نحن 22 دولة (حتى كتابة هذه السطور) وعدّد من الأهداف ما شئت شرط ألا تكون من ضمنها "السيادة".

. لدى إسرائيل جيش واحد للهجوم ويسمونه جيش الدفاع الاسرائيلي. بينما لدى العرب 22 جيشاً وقد لا يكون واحدهم صالحاً للدفاع، ولكن يسمونه القوات المسلحة الـ... . يبدو أن في هذه التسمية "الوقع أشد ويدخل الرعب في صفوف الأعداء".

. إحتياط الجيش الاسرائيلي يفوق العشرين مليون جندي، وهم منتشرون في جميع أقطار العالم. بينما لا أحد في احتياط الجيوش العربية لأن من يفترض فيهم أن يكونوا جنوداً إحتياطيين، يهربون بغالبيتهم من خدمة العلم أو الجندية بتسهيل من أحد السياسيين أو المتنفذين أو رجال الدين "الذين لا يتدخلون في الشؤون السياسية" لأسباب واضحة أهمها كسب صوت الجندي الاحتياطي وأصوات عائلته في الانتخابات..

. في إسرائيل شعب واحد. بينما في البلاد العربية 22 شعباً وكل واحد منهم يضم إثنيات مختلفة قد لا تنصهر أحياناً فيما بينها ولكنها تسمى للتمويه: "التعددية الحضارية".

. لدى إسرائيل جهاز مركزي واحد للأمن أما في البلاد العربية فعلى باب كل نائب أو وزير أو "عميل" جهاز للأمن خاص به.

. في إسرائيل يقررون بالسر وينفذون بالعلن خاصة إذا كان الأمر يتعلق بالحرب. أما في الدول العربية فيصمّون الآذان بالخطابات والمهرجانات والعنتريات والتحديات وعند التنفيذ، يسلمون أمرهم للشعب "الصامد في أرضه" و "صاحب الحق في تقرير المصير" حتى يتلقى الضربة عنهم. وهكذا يُدخِلون "الشهداء الأبرار" إلى رحاب التاريخ من بابه الواسع.

خلصت بعد طول تأمل إلى قرار شخصي مفاده التعامي عن المشاهدات والأحلام والتفكير بالمستقبل لأن مستقبلنا لن يكون أوضح وأفضل من ماضينا أو حاضرنا. سأتخلى عن الدهشة نهائياً حتى ولو أدى بي الأمر إلى الإحباط والتوقع والاكتفاء بمشاهدة ما في التلفزيونات العربية من مسلسلات بدوية وأفلام مصرية..

فإنني أعلن وبكل جرأة: سقوط الدهشة ثم الإعتزال والانعزال...!!

يا شباب لبنان.. تبلغوا وبلغوا..!

2007/3/1

استوقفني مشهد حي لدودة الحرير فيما كنت أستعرض بعض الأفكار التحليلية للأزمة اللبنانية الخانقة التي عمل الأفرقاء، اللاعبون على الساحة، على نسجها حتى اكتملت فصولها وأطبقت منافذها على الجميع، تماماً كما تفعل دودة القز في شرنقتها الحريرية حيث تنتهي بأن تقفل على ذاتها كل المنافذ قبل أن تتحول إلى فراشة..

هذا هو لبنان وهذه هي العادات "الفولكلورية" المطبوعة في ذهن أهل السياسة بغالبيتهم: يمعنون في التهديد والترهيب حتى الثمالة ويستبيحون الكذب والاتهام حتى الكفر ويجاهرون بما يقال ولا يقال حتى المكابرة، حتى إذا ما بلغت الأزمة ذروتها وأُقفلت جميع الأبواب، تباعد الكل عن الكل وأقيمت الاصطفافات الطائفية والمذهبية . كفرز طبيعي في النظام الطائفي . استعداداً للأعظم الذي قد يأتي. وإذا كان للأزمة أن تعبُر من دون أن تتحول إلى فتنة مسلحة، يعقد أمراء الطوائف جلسات الحوار والتشاور ويستقبلون ممثلين محليين وإقليميين، وآخرين دوليين حاملين إليهم مشاريع التسويات والحلول والشعارات البراقة لذرّ الرماد في عيون الشعب الذي يتطلع، مع إشراقة كل صباح، إلى بصيص من نور.. وإذا بالحل . المفاجأة يأتي من حيث لا أحد ينتظر، فتقام له

احتفالات "عفا الله عما مضى" وتكثر خطابات "العيش المشترك" و"نبذ الطائفية" و"الديمقراطية التوافقية" وتستباح سائر الهرطقات السياسية التي يجيدها الكل بأحدث شكل وحلة. مشاهدات كثيرة تتعرف إليها اليوم وأنت تراقب الأزمة السياسية في لبنان:

***

يكذبون على المواطن لإثارته واستمالته بادعاءات غير صحيحة.
وإذا ما سألت عن السبب يقولون لك: هذا مسموح في السياسة..!
يتهمون ويخوّنون الآخرين لتحريض سامعيهم. وإذا سمحت جرأتك بالاستفسار تلقى ذات الجواب: يجوز هذا في السياسة..!
يرفض واحدهم أن تقول له: معلوماتك كاذبة أو غير صحيحة!. ولا يمانع.. لا بل يبتسم راضياً إذا قلت له أن معلوماتك غير دقيقة. فكأن استخدام عبارة "عدم الدقة" أصح لغوياً من استخدام كلمة "الكذب".. ربما لأنه يجوز هذا في السياسة..!
يدّعي الجميع المعرفة بكل شيء وخاصة في المسائل القانونية والاقتصادية وهم، للأسف، وإن عرفوا شيئاً.. فقد غابت عنهم أشياء كثيرة . وهنا نتحدث حتى عن كبار المسؤولين أو الرؤساء أو الزعماء . والبرهان على ذلك، ما هو حاصل اليوم من اختلاف في الرأي حول مسائل قانونية أساسية وقد أدى هذا الاختلاف إلى تعطيل المؤسسات الدستورية كافة وفي طليعتها رئاسة الجمهورية والحكومة ومجلس النواب.
يتبارون ويتنافسون في ترويج البدع والابتكارات . الفارغة من كل مضمون . على غرار ترويج ما يسمى بالأغاني الشبابية الحديثة.

يريدونك أن تصغي إليهم وتصفق لهم وتؤيد ما يقولون من دون سؤال أو تعليق..

يرددون شعارات "نبذ الطائفية" على المنابر في وضح النهار ويعملون على تكريسها خلسة عند المساء..

يطلقون "العيش المشترك" غاية في العلن ويعملون على "الفرز والضم" في الخفاء..

أما "الديمقراطية التوافقية" التي يتغنى بها الموالي والمعارض على حدٍ سواء، فهي القاسم المشترك بين أهل السياسة في لبنان وهي لا تعني شيئًا في الواقع، سوى أنها ابتكار لبناني أو "كلمة سر" بين "الضالعين" في الإبقاء على النظام الطائفي..

إن الاستخفاف الذي يستخدمه أمراء الطوائف اللبنانية لمعالجة القضايا الوطنية الكبيرة قد بلغ ذروةً تنذر بأسوأ الاحتمالات إذا لم يستدرك الأمر شباب لبنان.. وهنا نسأل: من الذي يدفع ثمن هذا الاستهتار "الوطني" غير شباب الوطن..؟

فإذا كان للزعيم أن يُندد أو يهدد، فلا يمكنه ذلك إلا بالاعتماد على همم الشباب..

وإذا كان للقائد أن ينتصر، فلا ينتصر إلا بسواعد الشباب..

وإذا كان للوطن أن يظفر، فهو لا يظفر إلا بعزم الشباب.

فإلى ماذا تتطلعون..؟

بل إلى أين أنتم ذاهبون يا شباب لبنان..؟

يدْعون للتظاهر وإذا بكم أنتم تتظاهرون..

يهدِّدون بالشوارع والساحات وإذا بكم أنتم تعتصمون..

يطبّلون بالخطابات والشعارات وإذا بكم أنتم تنتفضون..
هم يحرضون وأنتم تتساقون..
هم يشتمون ويلعنون وأنتم ترِدّدون..
وقد فاتكم يا شباب بلادي أن هؤلاء لا يخافون عليكم ولا يخشون عاقبة مهما تمادوا في غيهم، لأنهم محصنون بالغطاء "العرفي" أو "الميثاقي" ومتظللون بـ "العقد الطائفي التوافقي". أما أنتم فمعنيٌ بكم العقاب والعاقبة، ويسهل النيل منكم لأنكم أحرار مكشوفون..
أنتم الأداة لكل مآربهم والدرع الواقي لكل مشاريعهم: يهددون بكم ويحرضون بكم ويملأون الساحات بكم..!
فما جعل السيّد سيداً غير العبيد.. فارفضوا الرقَّ وكونوا أنتم الأسيادَ لا العبيد..!
وما جعل القائد منتصراً غير الجنود،
وما صيّر الجاهل ولياً غير الجاهلين.. فارموا قناع الذل عنكم وكونوا شباب لبنان المنتصرين..!
انزعوا القرار من أيدي الدعاة المضلِلين..
ولا تلزموا الصمت بعد اليوم بوجه المحرّضين..

فيا شباب لبنان.. تبلّغوا وبلِّغوا !!
فما عاد يقبل بكم الوطن مهزومين في شرنقة حريرية تقفل على ذاتها كل المنافذ.. بل يريدكم قوةً لو فعلت، تتحول إلى فراشةٍ وتخرج إلى النور..

أو ليس الأنبياء من جنس البشر..؟

كلمة في الأخ الأكبر والصديق الأصدق، الأديب والشاعر والباحث والمعلم الصوفي، المغفور له المحامي عارف يوسف الأعور لمناسبة انتقاله إلى جنة الخلد بتاريخ 17 حزيران 2007.

2007/7/16

كالبريق المتوهج، يسطع نور الحق في قلوب المؤمنين ليملأها صفاءً ونقاءً..

وكالظلّ اللطيف، يعسر في الحياة من تسامى على حدود المادة، بترّفع عن مباهج الدنيا وثبات في استشراق الله..

قليلون هم الذين أفلتوا من كثافة الجسد وحواسه الخمس القاصرة، فخرجوا منه إلى فضاء من نور تسطع فيه الحقيقة في وحدانيتها الأزلية، حيث لا زمان ولا مكان، ولا ليل ولا نهار وقد انحلت واندثرت كل الحقائق لنسبية مع حركة الكون والفساد..

سعداء هم الذين عرفوا أسرار الكون وحكمة الباري تعالى واهتدوا بالحق لأنفسهم، بالإيمان والزهد والترّفع، كما جاء في قوله تعالى: "إنا أنزلنا عليك الكتاب بالحقّ فمن اهتدى فلنفسه ومن ضلّ فإنما ضلّ عليها".

كلماتٌ مهما كثرت، لا يمكنها أن توصف شخصية الحبيب الذي "هوى" إلى "العلاء".. هو الساعي إلى كمال الله وجواره الدافئة و**"العارفُ"** المؤمنُ بما غاب عنه الكثيرون..

هو واحد من هؤلاء العارفين الزاهدين الذين وطّنوا صدورهم على الحكمة والإيمان، والمحبة والتسامح، فكان متحرراً من قيود الدنيا ومستسلماً لصفاء التوحيد الذي وجد منابعه في الاسلام كما في المسيحية وصولاً إلى وحدانية الله..

وكأني بالعارف الزاهد الذي لم يهدأ له بال طوال سني عمره، قد أمضى الحياة عبداً لمجهول لم يدركه، وفريسةً لطموح لم يبلغه.. وكأن سبعة ونيّف من عقود الزمن لا تتسع لشعلة متأججة كي تكمل دورتها وتبلغ الهدف والمنتهى. إلا أن **العارفَ** "كان يعمل لآخرته كأنه يموت غداً، ولدنياه كأنه يعيش أبدا.."

واجه الحياة بإرادة مثابر وتحدى الجهل بتصميم قادر.. وسلاحه في الصراع كان واحداً: ابتسامة واثقة، تشق عباب الصعاب وتنتصر..

ماذا أقول فيك يا **"عارفاً"** ترحل اليوم إلى العلاء.. بل ماذا عساي أقول يا واحداً من الأعزاء الأعزاء...؟

كنت أصغي إليك بالأمس، كما أصغى إليك الكثيرون ممن عرفوك، تحدّث عن تجربة السنوات الطويلة بأنفاس ممزوجة بالحزن والفرح، باليأس والأمل، بالغضب والتسامح.. وتعود كعادتك في كل مرة، إلى الهدوء والابتسام والتفاؤل بالخير وإلى تكبير الله عزّ وجلّ واستغفاره. وكان يزيدني هذا اقتناعاً بما عرفته فيك

وعنك: فلا المديح يغرّ بك ولا الذم يثنيك عما أنت عليه عازم..
إنها أصالة الرجال الذين يعشقون الكرامة..

وبالأمس ضاق صدرك بطموحات وهواجس الأمة التي تريد لأحلامها أن تتحقق ولإبداعها أن يظهر ولتفوقها أن يسود.. فسعيت بحضورك وقلمك وسخاء عطائك لتثبت لكل المشككين أن بلوغ الهدف يبدأ بالخطوة الثابتة الواعية..

ماذا أقول اليوم يا حبيباً وقد شدك الرحيل إلى جوار المؤمنين..؟

لغير الحب ما خفق قلبك.. ولغير العز ما رفّ جناحك.. ولغير الموت ما طأطأت الرأس وقد أيقنت بأن الموت هو الحق.. وأن الحق هو القضاء الذي لا بد منه.. فهنيئاً لك حيث حللت في نعيم الله وجناته الواسعة. "من علم وعمل، فهذا يدعى عظيماً في ملكوت السماوات" على حد قول الإمام علي.

جاء إلينا كالأنبياء يحمل رسالةً في الحب ويحدّث بعينين ذابلتين تطفحان بالحنان. فكأني به داعياً للمحبة والغفران يقول: لا تصرفنّكم الصغائر عن الكبائر ولا عود الثقاب عن المنائر! فمن بلغ درب المحبة، فهو قريب لكل عابر وحبيب لكل مسافر.. أحِبوا بعضكم بعضاً وتلاقوا، ففي تلاقيكم تتلاشى الآلام والمسافات..

فلا أبالغُ القول.. ولا يستغربنّ أحدٌ إن قلتُ في "عارفَ" داعياً أو نبياً مرسلاً شأنه شأن القدر...! أوَليس الرسل والأنبياء من جنس البشر...؟؟

مع كلوفيس مقصود.. ودردشة قبيل السفر!

2007/09/12

قضينا وقتاً ممتعاً لـغاية برفقة الصديق الدكتور كلوفيس مقصود خلال إقامته القصيرة في تورنتو الأسبوع الماضي، وكان قد حضر خصيصاً من واشنطن ليحل متكلماً رئيسياً وضيفاً على "الندوة" التي أقامتها الشبكة العربية الكندية طوال يوم السبت في 25 آب 2007. وصادف وصوله إلى تورنتو الخميس في 23 آب، يوم صدور جريدة "المستقبل" المنشور فيها مقال لي بعنوان: "باتجاه تمديد الأزمة اللبنانية". فقرأ المقال وأعجب بالتحليل الذي أوردته حول الاستحقاق الرئاسي في لبنان حيث أشرت إلى أن ميشال سليمان سيكون الرئيس المقبل للجمهورية، في وقت لم يكن مطروحاً اسمه بعد. وعلق د. مقصود على التحليل موافقاً ومؤكداً على أن توافق الأفرقاء اللبنانيين على العماد ميشال سليمان قد يكون الخيار الحكيم الأمثل لانقاذ لبنان من الأزمة الراهنة التي إذا ما استمرت ستجر لبنان حتماً إلى المجهول..

وصباح يوم الأحد، قبيل سفر الدكتور مقصود بقليل، وفي جلسة هادئة في قاعة مطار تورنتو، وبحضور د. عاطف قبرصي ود. بشير أبو الحسن، وكان الحديث دائراً حول الاستحقاق الرئاسي القادم، سألته قائلاً: "إن لم يكن ميشال سليمان، فمن هو برأيك

الرئيس القادر على إدارة الأزمة اللبنانية والخروج منها بحلول ترضي جميع الأطراف، بعد أن ازدادت حدة وتعقيداً..؟"

ولم يكن هذا سؤالي هذا لمجرد التسلية وقتل الوقت بانتظار موعد إقلاع الطائرة التي ستقل الدكتور كلوفيس مقصود في طريق عودته إلى واشنطن، وإنما ليقيني بأن د. مقصود هو أفضل من يجيب على هذا السؤال لما خبرته في الرجل، كغيري ممن عرفوه، من سعة في المعرفة وعمق في الاتزان، سواء في تحليلاته السياسية أو في اجتهاداته القانونية أو في أسلوبه الدبلوماسي المرن، وله في هذه المجالات جميعها الباع الطويل.. وإذا أجيز لي يوماً أن أذكر في الرجل كلمة حق، سأقول باختصار: "إنه المعدن الأصيل النادر في زمن الاستعارة والزيف.."

لم يتردد بالاجابة على سؤالي، بل نظر إليّ وقال: " لدى الموارنة في لبنان، خمسة مؤهلين فقط لإدارة هذه الأزمة ولكن مع الأسف، لكل منهم ما يعيقه عن الوصول إلى سدة الرئاسة.." وقبل أن يتابع كلامه، ابتسم ونظر إليّ وكأنه ينتظر تعليقاً على الموضوع. غير أنني لازمت الهدوء واسترقيت السمع، فتابع: " الأول هو وزير العدل شارل رزق، لكنه أخطأ "بتكويعه" 360 درجة عن الرئيس لحود. والثاني هو الوزير الأسبق جورج قرم الذي فقد الحظ لكونه فشل في فك ارتباطه الوثيق بالرئيس إميل لحود. والثالث هو النائب السابق نسيب لحود، ومشكلة هذا الأخير أنه لم يتمكن من الابتعاد قيد أنملة عن أجواء 14 آذار. والرابع هو النائب بطرس حرب، أكثر المستوعبين لأصول اللعبة، لكن عيبه أنه محامي الدفاع في قضية بنك المدينة. أما الخامس فهو "الداعي إليكم بطول العمر"

بشرط واحد لا غير : لو كان بالامكان العودة عشر سنوات إلى الوراء".. قالها بشيء من الجدية الممزوجة بالمزاح. والجدير بالذكر أن الدكتور كلوفيس، سيبلغ الثمانين من العمر مع حلول العام 2008، ندعو له بدوم العافية والعمر الطويل..

كنت أصغي بكثير من الاهتمام إلى ما كان يحدّث به الدكتور مقصود. ومن دون أن أستفسر عن التفاصيل، رحت أحلم لو أنه يتحقق فعلاً اعتلاء هذا الرجل سدة الرئاسة الأولى، فيعبر بلبنان . وهو ابن الطائفة المدرونية صاحبة الامتياز بالرئاسة الأولى . من نظامه الطائفي المتخلف إلى النظام المدني الديمقراطي. ولكنني سرعان ما توقفت عن "الهذيان" واستبعدت الفكرة لأن من كان بمواصفات كلوفيس مقصود الأخلاقية، وبمثل عطاءاته الفكرية والأدبية والنضالية، "لا يصلح" رئيساً للجمهورية اللبنانية..

سيّد الأمناء .. وآخر الصحابة..!

ألقيت هذه الكلمة في تورنتو بتاريخ 21 تشرين الأول 2007 في مهرجان تأبين الأمين عبد الله قبرصي، الذي غيبه الموت بتاريخ 6 تشرين الأول 2007 في الوطن، عن عمر ناهز المئة عام (1909 . 2007) كرسها مصارعاً من أجل عزة وكرامة الأمة.

ترحل اليوم، يا سيد الأمناء

وآخر الصحابة..

ترحل اليوم، يا حاملاً على منكبيك

تاريخَ أمة..

في عشقها وصراعها..

في إبداعها وانتصارها.

يا عاشقاً أضناك ٱلشوقُ رغبةً

إلى قهر الموت

فازدِدت عزمًا وهِمة..

آمنت بالنصر واثقاً..

فكنت للنصر تتمة..!

يا سيد الأمناء وآخر الصحابة..

يا علماً على جبين البقاء تحيةً..
تحية لعنادك بوجه ترددنا
يوم خذلناك وأنكرناك..
يوم استسلمنا لإغراء السلام
وشنف أذانَنا شدوُ الحمام..
يوم ألقينا البندقية
لنصافح يداً همجية..
يوم أبحنا قتل طفل الحجارةِ
ذلك الأمل الذي أطل مع الفجر الجديد،
ليعلنَ يوم القيامةِ
ويعيدَ عزّ الكرامة..

تحية لصمودك أمام انهزامنا
يوم ترايء لك
أننا الجنود المؤمنون..
المنتشرون على أرض الوطن
وتحت كل سماء..
وأننا العاشقون
لهذه الأرض بخشوع المصلين،
كما أنت..
بما يشبه العبادة..!

في يوم الحقيقة هذا
يحلو التأمل والاستغفار
كما يحلو الاعتراف بأنك المعلم والمثال:
في صمودك بوجه الشدائد
وتمردك على الفتن..
في صراعك للتخلف
وتحديك للمحن..
وفي إيمانك بالنصر الآتي لا محالةَ
بسواعدَ "أجيالٍ لم تولْد بعد"..

المعذرة والمغفرة يا سيدي أسألك:
هل ينفع في ذنوبذ الغفران..؟

لن أستسلم للخوف بعد اليوم
وقد عزمت السير على طريق النور والفداء..
وسأنادي على الأحرار في كل دار
لنلبي نداءك للانتصار.
وسنرفع معاً راية القضية..
سأخشع مع الخاشعين
وأهتف مع الهاتفين
وأردد مع المرددين: فلنحفظ الوصية..

يا ضياءً يلمـع فوق المنائر..
ودوياً يعتلي كل المنابر
حباً وثورةً ووجداناً..
في شعلة النهضة هاجسه
وفي مناقبية الثائر الخالد عرفاناً..
ما غرّ بك شأن ولا غاية
وما أحنيت الرأسَ لغير العشق وِداداً..
فاهنأ أينما حللت سيدي
فنارك ليست رماداً..

هنيئاً لك أيها الأمين الأمين..
يا سيد الأمناء.. وآخر الصحابة..!

صلاة العيد..

2007/12/24

كنت أتمنى لو كانت تحمل "كلمات" اليوم التهاني إلى لبنان وقد زال المكروه وحل الوئام بين اللبنانيين، باتمام الاستحقاق الرئاسي الذي أصبح "قميص عثمان" السياسة اللبنانية. وكنت أتمنى لو فك السياسيون أسر الوطن الصابر، ليقيم اللبنانيون "صلاة العيد" الواحدة التي أملتها دورة الأيام فجعلت من الأعياد الكريمة تتعانق على أبواب العام 2008. وبانتظار الفرج والإفراج، فلنرفع صلاتنا من أجل الوطن علها تنعش بعض القلوب الحائرة..

وتسألني.. عن العيد القادم في مواكب الأعياد

وأنا في عزلة الغربةِ القاتمة،

يتآكلني الضجر

في غربة عن الذات

وغربة عن الوطن..

أرتدي زياً غريباً،

وأتكلم لغةً غريبةً!

وأمشي على الأرض كالغريب..

تتسع حدقتايَ لوقع السؤال

وتأخذ بي الدهشة وينعقد اللسان..
فكيف لي أن أصحوَ من غربتي
الملأى شتاتاً،
وفي البال يتزاحم ألف سؤال..
كيف للعيد أن ينتشيَ
في عيون دامعة
وللبسمة أن تعلوَ على ثغور عابسة ؟

كيف تطلق الزغاريد وأطفالنا تعبر العمر
بدون طفولة..؟
كيف تدق أجراس العيد وقد غاب عن كتابنا
سِفرُ البطولة ؟

فلمن تدق الأجراس
ونواح الحزانى ينقر في الآذان
كرمْي الرصاص..

فكما تنعم البراعم في فضاء من نور
مع إطلالة الربيع،
بعد أن أضنتها رياح الظلمات
وليل الصقيع..

هكذا نحن مع إطلالة العيد نتيقظ..!
فإن لم نجدْ الوعدَ ونطلق الآمال
بين الجوارح،
إن لم نوقدْ الشمع ونردد الصلاة
حول المذابح،
عبثاً ننتظر حلول العيد..!

أوَ ليس العيد أن نقتلعَ شوك الشرور
من صدورنا
لتنموَ المحبة ويزهرَ السلام؟
وأن يُهزمَ الجفاء
في قلوبنا
فنجني القطاف حلوَ الوئام؟

أوَ ليس العيد أن نذهبَ
إلى فقراء الأعياد الصابرين
فنعلمَ الغناء للبكم
والرقص للمقعدين..
لم الدهشة ولم السؤال؟
ولمَ الشعور بغربة الذات..
فإن كان لنا أن نرددَ صلاتنا

لننتصر على ذاتنا وينتصر الوطن،
فذلك هو قدرنا
وتلك هي صلاة العيد..

جورج حبش.. نضال من عمر النكبة..!

ألقيت هذه الكلمة بتاريخ 23 شباط 2008، في مهرجان تأبيني كبير أقامه البيت الفلسطيني في تورنتو ـ كندا، لوداع المناضل الراحل الدكتور جورج حبش، الأمين العام للجبهة الشعبية لتحرير فلسطين، الذي وافته المنية في عمان ـ الأردن بتاريخ 27 كانون الثاني 2008.

يرحل جورج حبش اليوم بعد أن أمضى ستين عاماً في كفاح لم يعرف هوادة.. فمنذ العام 1948 تاريخ وقوع النكبة وهو يتصدى بأشكال مختلفة، لعدو غاصب شرس بأمل أن يعيد للأرض المقدسة بعض بريقها..
جورج حبش، وقد اقترن اسمه باسم فلسطين منذ العام 48.. هو نضال من عمر النكبة..!!

لم يتنبه الفلسطينيون ومعهم شعبنا في سائر المشرق العربي لخطورة الوعد الذي ُصدره بلفور في العام 1917 إلى يهود العالم بإقامة الدولة اليهودية على أرض فلسطين، كما أنهم لم يتنبهوا للكيانات المبتورة التي خرجت من تقسيمات سايكس ـ بيكو، إلا بعد أن نُفذت المؤامرة باغتصاب الأرض وإحكام السيطرة عليها.

ففي نص معاهدة سايكس ـ بيكو والمتعلقة بتقسيم المنطقة وتوزيعها إلى مناطق نفوذ بريطانية ـ فرنسية، ورد فيما يخص فلسطين وأماكنها المقدسة بأن تكون خارجة عن السلطة التركية وتحت إدارة خاصة بإشراف بريطاني. كما ورد في أن تكون سهول كيليكيا، الواقعة في الجزء الشمالي من سورية، منطقة دولية محايدة بإشراف فرنسي. وهكذا نجح اليهود في اغتصاب الأرض الفلسطينية بتسهيل من البريطانيين كما نجح الأتراك في الاستيلاء على كيليكيا بالتواطؤ مع الفرنسيين الذين كانوا يقاومون هناك فلول الجيش التركي المتراجعة أمام قوات الحلفاء .

وفي العودة إلى تاريخ المنطقة وتحديداً خلال العشرينات والثلاثينات من القرن الماضي، نتبين أنه بالرغم من حالة الفوضى الفكرية والسياسية التي كانت تعم المشرق العربي من جراء غياب النهضة الاجتماعية، قامت بعض الحركات الوطنية تندد باتفاقية سايكس ـ بيكو وتحذر من وعد بلفور ومن الويلات التي ستحل بالبلاد من جرائهما.

فإذا ما نظرنا إلى الواقع المتردي الذي يعيشه "المشرق العربي" اليوم، بجميع كياناته، يتبين لنا كيف تتكرر المعاناة منذ مطلع القرن العشرين وحتى أيامنا هذه وإن اتخذت أشكالاً مختلفة. ولا يُخفى كيف أن الولايات المتحدة الأميركية وحليفتها إسرائيل، تعملان اليوم على رسم اتفاقية "سايكس ـ بيكو" جديدة لشرذمة المنطقة مرة ثانية، في محاولة لمحو الذاكرة القومية وتغليب ثقافة الطائفية والقبلية على ثقافة الوطن.

هذا الواقع المؤلم الذي عانى منه شعبنا، على امتداد القرن العشرين، ولا يزال، لم يكن خافياً على القائد الراحل الذي اتخذ منحىً فكرياً وعسكرياً مختلفاً في مقاومته للعدو الصهيوني وقد تجلى في نقاط أساسية ثلاث:

أولاً: بالنسبة للنضال الفلسطيني بشكل عام، فقد اعتبره "الحكيم" مسؤولية قومية أكثر منها فلسطينية ذلك أن المشروع الصهيوني هو مشروع استيطاني توسعي لا يستهدف الأرض الفلسطينية فحسب بل يستهدف الوجود العربي بكامله (أو ما تطاله أيديهم). وانطلاقاً من إيمانه الراسخ بقومية القضية، أسس في مطلع الخمسينات حركة القوميين العرب قبل أن يؤسس الجبهة الشعبية لتحرير فلسطين في العام 1967.

ثانياً: بالنسبة لاتفاقية أوسلو التي نصت على قيام دولتين جارتين، ظل يؤكد جورج حبش حتى الرمق الأخير، أن الدولة الفلسطينية ستكون في الواقع بلا سيادة على حدودها ومواردها الطبيعية وخاصة المياه، وليس لها الحق في تعزيز قواها الدفاعية، أو المس بجوهر المشاريع الاستيطانية الصهيونية. وحول هذا الموضوع يقول في مقابلة صحفية نشرت له مؤخراً: "هذه الدولة ستكون، في أكثر الحالات تفاؤلاً، مجرد مناطق أو معازلَ ملحقة بالاقتصاد "الاسرائيلي"، وجسراً للسلع والثقافة "الاسرائيلية"، أي أنها دولة بلا مكونات ومضامين وتتعارض مع حق تقرير المصير وعودة اللاجئين وإقامة الدولة الفلسطينية المستقلة وعاصمتها القدس".

ثالثاً: يعتقد جورج حبش بأنه لم تكن هناك مواجهة شعبية شاملة مع العدو إلى أن نضجت الظروف داخل الأراضي المحتلة وتبلورت مع انفجار الانتفاضة الأولى عام 1987 والانتفاضة الثانية عام 2000 إذ يقول: "لدى استعراضنا لمسيرة الثورة الفلسطينية منذ انطلاقها وحتى الآن، أستطيع أن أسجل بأن الانتفاضة المجيدة الأولى والثانية، مثلتا أعلى مرحلة في هذه المسيرة". وهو يعني بهذا التسجيل أن الثورة الفلسطينية قد بلغت نضجها بقيام الانتفاضة حيث برزت إلى الواجهة صورة الأطفال الذين أربكوا صفوف الأعداء بحجارتهم الغاضبة، هؤلاء الأبطال الذين خرجوا من رحم الآلام والأحزان ليثبتوا للعالم أن الدماء التي تجري في عروقهم لن تستحيل مياهاً، بل إنها ترسم بطهارتها وصفائها، شرفَ الكرامةِ والأملَ الواعدَ للوطن..

أما عن النزاع القائم اليوم على الساحة الفلسطينية والتجاذبات السياسية بين فتح وحماس، يقول: "إن واقع الأمر يهدّد بمخاطر تحوّل هذه التجاذبات إلى اشتباكات واسعة لن تصب إلا في خدمة "إسرائيل" ومصالحها، وليس هناك من مخرج إلا بالعودة إلى برنامج منظمة التحرير، أي إلى الثوابت الوطنية التي يمكن أن تتوافق على أساسها كل فصائل العمل الوطني الفلسطيني".

ففي انتظار استكمال المشروع القومي لمواجهة الكيان الصهيوني، الغاصب للأرض والحقوق الوطنية، يرحل المناضل الدكتور جورج حبش في وقت يعاني فيه الفلسطينيون ألم الحصار والمقاطعة في

غزة، كما تعاني القضية من تجاذبات مصيرية أملتها المزاجية الاسرائيلية المدعّمة من "الوصي" الأميركي.
وبالرغم من غياب الجبهة الشعبية عن ساحة العمل الفلسطيني، لم يغب وجه القائد المناضل عن صورة الكفاح والصمود وكانت وصيته الأخيرة وهو على فراش الموت: استمرار الكفاح حتى تحقيق النصر وتحرير فلسطين..

* * *

يا علماً ينكسُ اليومَ
على قُبة الكنائس والمآذنْ..

يا صوتاً مسافراً
يستريحُ في القدسِ،
وفي صمت كل المدائنْ..

يا ثائراً تشهد له الساحات
صوْلاً وجَوْلاً!
بخطوة واثقٍ جبارْ..
يا مؤمناً بالحب يحيا آماله ظفراً
لا للانكسارْ..

ضُقتَ ذرعاً بالوعودِ
وتعاليت عن الوجودِ
منددأ..
بالرفض.. بالاستنكار !

إنه توق الروح لبلوغ النشوة عالياً..
إنه الشوق للانتصار..

أطفال لبنان.. في قبضة الاتهام..!

2008/07/28

أطفال لبنان معذرةً،
أنتم اليوم في قبضة الاتهام...!
لأنكم ولدتم في الزمن الخطأ وفي المكان الخطأ
وبين أهل تربوا على الخطأ..
آباؤكم وأمهاتكم هم جيل حرب عاتية
لا تعرف نهاية..
وحَدِّثْ عن جيل الحرب ولا حرج..!

هم نشأوا في أزقة الانعزال وحوانيت الليل
بعيداً عن النور..
يأكلون سُمّ البلايا ويشربون نخب القهر،
في اصطفافٍ من الفجور..
رحل الإيمان حائراً عن قلوبهم.
وتوارى النور خائباً خلف هواجس ظنونهم..

توزعوا إلى جماعاتٍ وقبائل،
لكل منها عبادة ليست كالعبادات.
ولكل منها إله من بقايا الوثنيات وما دونها..
كفر وقحط وفراغ!
فتنافروا وتقاتلوا ونثروا في كل حي وشارع
أحقاداً غادرة..
احتكروا الله وتجبروا! وتنكروا ليوم الآخرة..
فاعلموا يا أطفالنا.. يا أطفال لبنان،
"الله وأكبر" ليس عدواً لـ "أبانا الذي في السماوات"
فليتقدس اسم كل نبي يهدي الناس
إلى رب السماء..
فلا هادياً بشّر بغير المحبة
ولا مؤمناً ضلّ الطريق إلى الوئام..
لبنان ليس دونكم لبنان.. فأنتم غايته إلى السلام.
أطفال لبنان معذرةً،
أنتم اليوم في قبضة الاتهام..!

متهمون أنتم..
لأنكم تطالبون بالملاعب والساحات
التي احتكرها الكبار للاعتصام والتظاهرات..

لأنكم تخافون العبور، بأقدامكم الطرية،
في مزروعات "عنقودية"
أو بقايا "متفرقعات' منسية..

لأنكم تشتاقون إلى فرح الأطفال والهدايا،
وزغاريد العيد والصبايا.

متهمون أنتم..
لأنكم تكشفون أسرار كباركم يتغنون بحب الوطن ظاهراً
وفي باطنهم 'طائفية"..
لأنكم كشفتم زيف 'دعاءاتهم وضربتم حواجز القبلية..!
لأنكم رفضتم الذيلية و"الأزياء الفولكلورية"..
وكسرتم بعنادكم قيد الهمجية..!

فيا أطفالنا.. يا أطفال لبنان،
إن كنت أناديكم،
فلأنني أشتاق إلى ما تشتاقون
وأتطلع إلى ما تتطلعون
وأحلم بلبنان أعشقه كما الحبيبة،
حتى الثمالة والجنون..
إن كنت أناديكم، فلأحرّضكم

على جيل آبائكم وأمهاتكم،
هذا الجيل الذي فاته أن يثور ثورتكم
لينعمَ بما أنتم تحلمون..

أطفال بلادي أناديكم،
لأنكم أمل لبنان الذي أحناه الانتظار..
فأنتم وحدكم القادرون..!

محمود درويش يعلن في رحيله:
ثورة حتى النصر..!

غيب الموت المناضل والشاعر محمود درويش في 9 آب 2008 عن عمر 67 عاماً على أثر عملية جراحية في القلب أجريت له في هيوستن . تكساس في الولايات المتحدة الأميركية. والمعروف عن درويش أنه هزم الموت مراراً في صراعه الطويل مع المرض قبل أن يتمكن منه الموت في الجولة الأخيرة.

2008/08/15

قالوا استقال من جموعنا

قالوا هجر..

قالوا أدار الظهر للموت،

قالوا انتصر..

تلك هي شيم العارفين المؤمنين

إذ يرجعون..

لا خوف عليهم من عذابات الآخرة،

ولا هم يحزنون..

أُرضِعَ محمود درويش من ثدي القهر

مرارة النكبة وآلامَها..
واجتاز سنيَّ حياته حالماً..
يداعبه الشوق إلى لعبة تُهدى إليه
ليشعرَ بفرح الأطفال..
ليتعلم كيف تكسِر الأطفالُ ألعابَها
وتبكي طالبة غيرها..

ويشكو أباه متحسراً على طفولته:
"هم طردوني من الحقل
هم سمّموا عنبي يا أبي
وهم حطموا لعبي يا أبي".

لقد هاله حالُ شعبٍ في خضوعه
يركع للجلاد.
شعب يطارد أبطاله الثائرين،
ويلاحق أطفاله المنتفضين.
شعب يواجه القهر تقهقراً
ويشد إلى الوراء..
شعب يهادن الهزيمة انهزاماً
ويرضى بالانحناء..
شعبٌ يلاحق شعبَه ويكسُرُ الميزان..

فلا العادات من عاداتنا
ولا الخنوع من طبعنا
حريتي قبل حياتي
وسأمضي قبل افتضاح أمرنا
لا.. ليس هذا شعبنا..!!
علني أخطأت في العنوان..

وأسمع شاعرنا يقول: "حرّ أنا قرب حريتي،
وغدي في يدي.
سوف أَدخُلُ عمَّا قليلٍ حياتي،
وأولَدُ حُرّاً بلا أَبَوَيْن.."

ودخل حياته منذ قليل بلا أبوين
وبدون استئذان..
إلى حيث النور، إلى حيث الأمان..
لا خوف من دمع أمٍ يُخْجله
ولا خوف من حنان أبٍ يُحْرجه
كالجذوة المتوقدة بلهيبها..
كالشمس الساطعة بنورها..
يعرفه الشجر
وتعرفه كل أغاني لمطر.

137

ولأول مرة يعبر كل الحواجز بدون جواز سفر.
لقد احتلَّ قلوبَ الناس،
وأسْقط عنه جواز السفر..

رحل محمود درويش..
ومضى إلى حيث الانتظار،
إلى حيث في رحابه يقطن الأحرار..
لقد سئِم الكفرَ الذي يمارَسُ
في وضح النهار
وضاق ذرعاً بشعارات
جرت الويل والدمار..

أي زمن هذا..
الذي يتحدث فيه جبان عن الفداء..
أي زمن هذا..
الذي يتحدث فيه عليل عن الدواء،
وتحاضر فيه عن سلوك العفةِ قحباء..
أي زمن هذا..
الذي يُصنّفُ الارتماء بأحضان العدو
انفتاحاً،
ومقاومةِ الاغتصاب

إرهاباً..؟
إنه زمن التراجع والانكفاء،
إنه زمن الخيبة والاستياء،
إنه نذير الانهزام.. والانهزام..
ثم الانهزام..!

رحل محمود درويش
ومضى إلى حيث تنعدم السدودُ
والحواجز..
لقد انسحب عن "عيون ريتا "
وكل العاشقين..
يحمل في قلبه المتعب هم الغاضبين
ليعلن ذاته..
ليعلن قيامته..
لقد اشتاق لأحلامه أن تحلق
في فضاء من السلام،
في سماء لا يعكر صفوهَا
حبل الغمام..

رحل محمود درويش ليعبر
جسر المخاطر

وليعلن بثباته
ثورة ظافـر..!
لا شيء يروي عناده
لقد طال انتظاره خلف الستائر..

جنون حتى الإبداع..!

2009/3/4

أمضى مجدي خمسة عشر عاماً منتظرا تنفيذ حكم الاعدام به، وقضى كل هذه الفترة يعد الساعات والأيام في زنزانة سجنه المكتظة التي لا يدخلها الهواء النقي بانتظام. والسجن الذي كان من المُفترض أن يشهد نهاية حياة مجدي، يبدو مسيَّجاً بأميال من الأسلاك الشائكة ومحاطاً بنقاط التفتيش، وهو يجثم على قمة جبل يطل على البحر الأبيض المتوسط.

إنه سجن رومية، أكَبر سجون لبنان، وهو يخضع لإجراءات أمنية مشددة للغاية، واشتهر بأعمال الشغب الدموية وبأوضاعه المريعة التي يعيش السجناء في ظلها، ناهيك عن كونه يضم بعض كبار المجرمين وأخطرهم في البلاد.

يقول مجدي إنه واظب على مر السنوات الماضية على كتابة عدد لا يُحصى من الرسائل إلى السلطات المعنية، متوسلا إليها أن تراجع قضيته، إلا أنه لم يتلق أي رد منها. وفي مساء أحد أيام شهر شباط من العام 2009 الحالي، لاحت أمام مجدي فجأة فرصة لقاء بعض المسؤولبن وجهاً لوجه ليروي قصته أمامهم. ويقول: "كنت منفعلاً ومتوتراً للغاية. ولكم أن تتخيلوا الأمر، فقد كان

الجميع هنا: النائب العام ووزير الداخلية وكبار الجنرالات والضباط."

كان مجدي وزملاؤه من نزلاء السجن يقفون على المنصة، بينما جلس المسؤولون بالمقابل على المقاعد المخصصة لضيوف الشرف، خلال العرض الافتتاحي لمسرحية "12 لبنانياً غاضباً"، وهو العمل المسرحي الأوّل من نوعه في العالم العربي. وعلى مدى ساعتين من الزمن، أصغى المسؤولون إلى نزلاء السجن وهم يشككون بالنظام القضائي في البلاد، ويتحدثون عن الأوضاع في السجن ويقصُّون على الحضور حكاياتهم الشخصية من خلال تكييفها وملاءمتها مع قصة المسرحية.

والمسرحية مقتبسة عن رواية الكاتب الأمريكي ريدجينالد روز "12 رجلا غاضبا" والتي تدور أحداثها حول طفل متهم بارتكاب جريمة قتل، فتجتمع هيئة محلفين مكوَّنة من 12 رجلا لكي تقرر مصير الولد القاتل. ويستذكر السجناء كيف أنَّ أداء المسرحية لم يكن سوى إسقاطاً انفعالياً وتفاعلاً فكرياً لما يعيشه السجناء في داخلهم وفي حياتهم داخل السجن.

أمَّا بالنسبة لمخرجة المسرحية الممثلة المعروفة زينة دكاش، فقد كان الأمر بمثابة النصر الحقيقي أن تصل بمشروعها إلى هذه المرحلة. تقول زينة: "المشكلة أنه لم ينظر أحد إلى العمل بعين الجدية ولم يكن هناك من يؤمن بصوابية الفكرة أو المشروع. بل على العكس، كان الكل يعتقد أنني مجنونة". والسجون اللبنانية مغلقة أمام العامة والاعلام، وكان عرض زينة على السلطات بتقديم "العلاج بالدراما" قد رُفض مرتين في السابق. لكنها تمكنت

مؤخراً من تأمين التمويل اللازم لمسرحيتها من الاتحاد الأوروبي، كما نجحت بالحصول على حق الدخول إلى السجن واستخدام منشآته لاجراء التحضيرات والتدريبات.

فقد وافقت سلطات السجن على تحويل غرفة، كانت تستخدم في السابق كغرفة للصلاة، إلى مسرح يصعد عليه الممثلون ويرتجلون أدوارهم. وفور الموافقة، بدأ مئتان من نزلاء السجن، ممن تقدموا بطلبات للعب دور في العمل المسرحي، بدأوا بحضور جلسات "العلاج بالدراما" مع زينة. وبعد مرور بضعة أسابيع تقلص العدد إلى خمسة وأربعين نزيلا فقط، ومعهم بدأ العمل على المسرحية.

تقول زينة: "لقد اخترت رواية " 12 رجلا غاضبا" لأنها مسرحية كاملة لوضع كهذا، فهي تعطي النزلاء فرصة لإسقاط الأدوار على واقعهم الشخصي، ولكي يكونوا هم هيئة المحلفين، وهذا بحد ذاته يعتبر علاجا".

وقد كانت المجموعة متنوعة، فجرائم النزلاء تتراوح بين تعاطي المخدرات والاتجار بها والاغتصاب والقتل. كما تتراوح الأحكام بين عدة سنوات إلى المؤبد والاعدام. الكل يقول إن المشروع قد غيَّر حياته بطريقة أو بأخرى. وأن السجناء يستخدمون المسرحية للدعوة من خلالها إلى إصلاح نظام السجون في لبنان. فبعد العرض الأولي لمسرحية "12 لبنانياً غاضباً"، بدا المسؤولون متأثرين بشكل واضح بقصة مجدي، فذهبوا والتقوه وراء الكواليس وتحدثوا إليه شخصيا، ويقول أنهم وعدوه خيراً بالنظر إلى قضيته.

كل من كان يسمع بالتحضيرات لهذه المسرحية، قال عن زينة دكاش إنها مجنونة.. إلى أين سيمضي بها هذا الاصرار والعناد..؟ ونحن بدورنا نقول اليوم، بعد أن أصبح مسرحها حقيقة واقعة:

إن مناخ الحرية الذي تتنفس منه زينة، حتى في أجواء "سجن رومية" حيث تخمد فيه الأنفاس، كذلك تصميمها الشجاع على اختراق كل حواجز التخلف البالية التي تعيق ارتقاءنا وتقدمنا، هما بعض الملامح لصورة لبنان العظيم..

فتحية إلى جميع من ساهم في تقديم هذا العمل، وتحية لزينة دكاش التي استمرت في عنادها وجنونها حتى الابداع..!

تحية إلى سامي الجميّل..!

2009/9/30

تحية إلى النائب الشاب سامي الجميّل الذي كان بين أهله في تورنتو خلال عطلة نهاية الأسبوع..

تحية وألف تحية إلى المرحلة التي يمثلها النائب الجميّل من عمر لبنان. لقد نطق بما استعصى على كثيرين من أهل السياسة وبما لم ولن يفهمه كثيرون..

لقد رفع غطاء التقليد السياسي المعمول به منذ أجيال، ليؤكد لجميع اللبنانيين والعالم، أن مرحلة جديدة ستبدأ على أنقاض مراحل القهر والقمع والاذلال التي طاولت القيم وبعثرت جهود العاملين من أجل وحدة لبنان. وكان لا بد من أن يتولد من بين ركام الأنقاض والشقاء أملٌ، لينعش قلوب الحائرين المتطلعين إلى إشراقة واعدة في فجر يوم طال انتظاره.

هذا ما ترمي إليه كلمة سامي الجميل التي وجهها إلى شباب الجالية المغتربين عندما قال: " ليس المهم أن نكون في 8 آذار أو في 14 آذار أو أن نكون قواتاً أو كتائبيين أو عونيين، إنما المهم ان نكون موحدين ومتكاتفين كي نعطيكم الأمل بالعودة وسنواصل العمل على المصالحة مع جميع الأفرقاء حتى نعيدكم الى لبنان...!"

145

لقد عرف سامي (الشاب) ماذا يؤثر في الشباب ويثير فيهم الحماس. فأعطاهم ما يسرهم سماعه وما ينعش فيهم الرجاء لغد يريدونه آمناً بانتظار قيامة الوطن الجديدة، هذا الوطن الذي كان على امتداد عقود من الزمن حقلاً لتجارب الإبادة والقتل والخداع.

لقد مل شباب لبنان سماع الخطب الخشبية والبهورات "العنترية" التي لا توصل إلا إلى الخراب والدمار والطريق المسدود..

لقد ضاق الشباب ذرعاً بوعود "الديمقراطية" القاصرة التي يطلقها بوجههم تجار السياسة والطائفية.

لقد تجاوز شباب لبنان ما يروى عن الاستقلال "المزيف" والحرية "المقيدة" والسيادة "المغتصبة"، وما عاد يشده التطلع إلى الوراء لأنه صمم المضي إلى الأمام، إلى حيث المستقبل ينتظر بتحدياته الكبيرة، إلى حيث الإرادة والعزم والانتصار..

ويتوجه الجميل إلى الشباب محذراً من الوقوع في أفخاخ الوعود مجدداً فيقول: "إن لبنان خذلكم في المرحلة السابقة، لكننا نتعهد امامكم اليوم أننا نقوم بكل ما يتوجب علينا كي تعودوا اليه. ونحن منكبون على اتمام المصالحة مع الجميع وعلى تحقيق السلام وعلى بناء دولة حضارية ومتطورة ."

لقد عانى لبنان ما عاناه خلال السنوات الخمس الماضية من تجاذبات بعض السياسيين وتصرفات البعض الآخر وطفح الكيل من ممارسات لم يألفها المواطن اللبناني من ذي قبل والأمثلة على ذلك كثيرة وفي طليعتها تعطيل المرافق الدستورية في البلاد بدون مسوغ قانوني كرئاسة الجمهورية ومجلس الوزراء ومجلس النواب. ولن نذكر غيرها من الممارسات الشاذة حتى لا يظنن أحد أننا نريد

التشهير بالفاعلين (وكأننا نزيل الرماد عن النار). فليرجع كل منا إلى ذاته وذاكرته ولا بد أنه سيبلغ منها إدراكاً ومعرفة..

وبانتظار إتمام المصالحات بين الجميع وتحقيق السلم الأهلي بين أبناء الوطن الواحد على أسس العدل والمساواة (وإلا لن يكون هناك سلام)، نتضرع إلى الله ألا يخذل شباب لبنان، هذا العنصر الحيوي الذي يشكل جسرَ عبور إلى المستقبل. فقد تكون هذه المحاولة هي الأخيرة من نوعها ولا بأس من التعلق بأذيالها، وجميع شباب لبنان يطمحون في النهاية إلى دولة حضارية متطورة.

علّ سامي الجميل، بحديث البارحة، كان المبشر بالخلاص.. فتحية له وألف تحية إلى شباب لبنان..!

شاعرٌ معاصرٌ لغيرِ عصرِه..

كتبت هذه المقالة بتاريخ 22 كانون الثاني 2010 تقديماً لديوان الشاعر ذوقان عبد الصمد الذي صدر مؤخراً عن دار الفارابي ـ بيروت، بعنوان "ذاكرة الغربة".

من حق الشاعر أن يرقى بخياله إلى موطن الوحي كما لكلماته أن تسموَ إلى عالمٍ يطفو عليه الجمالُ.. فعندما تضجُّ نفسُ الشاعر بإدراكٍ مميزٍ وإحساسٍ متفوقٍ، يبدو هذا العالم الذي اتسعَ مداه إلى ما يتعدى الحواسَ القاصرة، وكأنه يضيقُ برفِّ جناحيه اللذين يحلقان إلى الأبعادِ الأبعاد.. وصديقنا الشاعرُ ذوقان عبد الصمد، الذي كانتْ له تسجيلاتٌ جماليةٌ متعددة، يذهبُ باتجاه هذه الأبعادِ التي لم تُرسَمْ معالمُها بعد وكأنها تبصرُ النورَ مع تأملاته الفلسفيةِ ونفحاتِه الوجدانيةِ، ومن قبل أن تولدَ.. تتنشقُ الحياة.

وأهمية الشاعرِ في ذوقان عبد الصمد، ليست فيما يقدم من إبداع تصويري في أبياته الراقية ومعانيه السامية وحسب، وإنما في بناءِ الهيكل الأصيل لتلك المعاني، هذا الهيكل الصلب الكفيل بحراستها حفاظاً عليها من الضياع أو السقوط. فهو لم يغرّه التفلتُ من قيود الوزن أو القافية الذي أطلقته "الحداثة العابرة" ليخرجَ إلى فضاءٍ رحبٍ يسهلُ فيه اختيارُ الأوزان والكلمات، بل ظلّ على التزامِه

بعروض الشعر وقواعدِه الابداعية التي لا يجيدُ استخدامَها إلا العاشقُ للأصالة..

إن الحداثة في الشعر العربي تشبهُ إلى حدٍ كبير "الواقعية العربية" في عجزها واستسلامها للأمر الواقع. وكذلك تبريرُ اللحاق بركب الحداثة، فهو يشبه تبريرَ الالتصاق بالواقعية، الذي يصوّرُ العجزَ الحاصلَ وكأنه مظهرٌ من مظاهر الارتقاء الفكري أو التطورِ الحضاري أو الثورةِ على التقاليد، بينما ينتقد التمسكَ بالكلاسيكية والدفاع عن القواعد الأساسية الثابتة، لاعتباره من مظاهر التخلفِ وعدم القدرة على مجاراة "العصر المتطور"..

القوالب الشعرية ليست، في أي حال، بأكثرَ أهميةٍ من المضمون أو الفحوى الهادفِ الذي يعالج القضايا المبتكرة، حتى أن النثرَ أحياناً، في تعدّيه للرؤية الوجودية المألوفة، قد يتضمنُ من الخيال والموسيقى والصورَ ما لا يستطيعُه الشعرُ أحياناً، غير أنه يبقى في حدودِ الإبداع النثري الذي لا يقلُّ أهمية عن الإبداع الشعري.. وما يهمنا في هذه الإشارة ليس غيابُ الوزن والقافية عما يسمى بـ "الشعر الحديث" وإنما ما يعتري هذا "الشعر" من إبهامٍ وغموضٍ ويتركُ البابَ مفتوحاً لكل قارىء لفهمه كما يشاء.. وهذا هو الشركُ الأكبرُ! ذلك أننا بحاجة لفهمِ ما نقرأ وليس لقراءةِ ما نفهمُ في هذا العصر الذي اختلطت فيه المفاهيمُ والنظريات وكثرت بوجهنا العراقيل والتحديات.. وباختصار نسأل: ما قيمة الكتابة، شعراً كانت أم نثراً، إن لم تحملْ رسالة واضحة يفهمُها الجميعُ على حدٍ سواء...؟ الغريب في الأمر أن يكون الإبهام من ميزات الحداثة بحسب ما يدّعيه المروجون لهذا النوع من الشعر ومثال تعيينه على أنه: "الغموض الواضح والمبهمُ المفضوح" أو أنه "تخطٍ

للمؤثرات والانفعالات إلى البحث عن رؤية جديدة وفتح جديد.." أو أن له: "فلسفة قائمة على الانفلات من الشكل والقوالب البالية والتحرر من القيود والإيقاعات الكلاسيكية الضيقة"..

لقد آثر شاعرنا ذوقن البقاء في أحضان "التقليد والتخلف" على الانزلاق في متاهات الحداثة التي لم تعرفْ لذاتِها حدوداً بعد، تماماً كما فعل المقاومون الأحرار الملتزمون، الرافضون للغرق في مستنقعات "الواقعية العربية" التي لا تعني سوى الخضوع والاستسلام للأمر الواقع الذي فرض عليهم.. وكأني به ينادي من وراء البحار على كل المحافظين الأحرار، رفاق شعره ونهجه، ليؤكدَ التزامَه وثباتَه في موقع الأصالة، مقاوماً رياحَ الاستسلام وأمواجَ الانحرافِ، مستخدماً الحداثة والتجددَ في معانيه ومبانيه الصلبةِ الواضحة..

اسمعْه يردد في قصيدة كلاسيكية أجملَ الألحان وأعذبَ الكلمات في وصف رحلته على ضفاف نهر "سان لوران" في كندا، وهو على ظهر سفينة في عرض النهري إذ يقول:

على السَّفينِ نَسيمُ الصُّبحِ يلفحُنا
في همسِه من ثغورِ القُطبِ ألحانُ..

مُبلَّلاً.. لا نُبالي إنْ بنا ارتَعَشَتْ
وَبُلَّلَتْ منْ رذاذِ البَحرِ أرْدان!!

مِنْ حولِنا دَغدَغاتُ الغَيمِ بارِدةٌ
وَمِشلحُ النُّورِ فوق الماءِ بردانُ...!

والغابُ فوق جِباهِ السَّفحِ مدُّ رُؤىً
تَفَرَّدَتْ منهُ أشكالٌ، وألوانُ..

يمشي، ونحنُ على شوقٍ نُلاحِقُهُ
كما يُلاحقُ سِربَ الغيدِ وَلهانُ!!

ومن قصيدة بعنوان "صدفةٌ" يقول:

هيفاء يَندى قدُّها عَبقاً
ليرقّ تحت أناملي الهَيَفُ

كوزٌ على شفتي، وكأسُ طِلىً
بيدي... فإيّ الخمرِ أرتشفُ؟

وتعبثُ من شَغفي، وقلتُ كفى
فارتدَّ مدفوعاً بِيَ الشّغفُ!!

لتقولَ: أقطفْ من حديقتِنا
ما طابَ من ثمرٍ، فأقتطِفُ!!

إياك من دُرّ يخبِئُهُ
في شائِكٍ من واحتي الصّدَفُ

أعطيتُك الأشهى، وطبتُ هوىً
لا عيبَ إن لم يُخدشِ الشرفُ..

فهو في وصفِه كما في غزلِيّاتِه، لا يخرجُ عن دائرةِ الكلمةِ الراقيةِ التي تُطرِبُ الآذان دون أن تخدشَها وتحرّكُ المشاعرَ دون أن تجرحَها، بل يشبعُ معانيه قوة واستنهاضاً فتدخلُ فينا كفعلِ الآيةِ التي تحفرُ في نفوس المؤمنين..
ذوقان عبد الصمد، يعيشُ بإنسانِه وأنفاسِه بيننا، يقرأ كتبَنا ويتكلمُ لغتنا ويجالسُ جمعَنا ولكنه.. لا بريقَ "حداثتِنا" يوهِجُه، ولا شكلَ "ارتقائِنا" يحرّضُه، ولا الثورةَ على تقاليدنا تؤرّقه.. هو طائرٌ يغرّدُ في غيرِ سربِه وشاعرٌ معاصرٌ لغيرِ عصرِه..

كلوفيس مقصود..
بين مصداقية الإلتزام ومصداقية الإفتراض

2010/9/1

في مقال للدكتور كلوفيس مقصود بعنوان: "رمزية جامعة البلمند في سوق الغرب...!" كان قد نشر في جريدة "النهار" اللبنانية يوم الأحد في 25 تموز 2010، استوقفني أكثر من سؤال وأهمها: ما الذي حمل كلوفيس مقصود على التخلي عن توجيه "البوصلة" الوطنية التي يحملها منذ عشرات السنين، في هذا الوقت العصيب الذي تشهد فيه الساحة السياسية في لبنان غلياناً من الهوجائية والسجالات المحمومة...؟ ثم كيف يكون قيام فرع لجامعة البلمند في سوق الغرب تذكيراً لأهل المنطقة وسائر اللبنانيين (كما يشير المقال)، بأن مدرسة سوق الغرب كانت واحداً من الصروح الوطنية التي اجتمع اللبنانيون في رحابها على مختلف طوائفهم ومذاهبهم فتعلموا المواطنة ونبذ التقوقع والعصبيات والتزام الوحدة الوطنية والعدالة بين مختلف الشرائح والمكونات..

فمما لا شك فيه ان دور مدرسة سوق الغرب لا يقل أهمية عن أدوار مماثلة للكلية الوطنية في الشويفات والجامعة الوطنية في عاليه ومعهد القديس يوسف في عينطورة ومدرسة دار الحكمة في عبيه، وهذا ما يفترض أن تكون عليه سائر المؤسسات التربوية والتعليمية في لبنان، إلا أن ما أورده الدكتور مقصود، على ما

155

أعتقد، هو شكل من أشكال التمني باعتبار ما يجب أن يكون عليه الواقع الوطني وليس ما هو حاصل على الأرض من فرقة وشرذمة وتباعد، والكل يعرف بأن أبطال النزاعات الداخلية والسجالات العبثية في لبنان هم في أغلبيتهم، وللأسف، من خريجي المؤسسات التعليمية المذكورة.. ولذلك تراه يخلص إلى القول في ختام المقال بأن المطلوب "هو تعزيز ثقافة المواطنة وإحباط جاهلية الطوائفية".

للوهلة الأولى، انتابني الظن وكأني بالصديق كلوفيس مقصود يبدأ مرحلة جديدة في كتاباته: فهو يقلع عن التحليلات السياسية والمعالجات المنطقية بما تمليه التزاماته الفكرية والانسانية، ليتحول إلى مبشر اجتماعي يرضي سامعيه بخير الكلام أو بما قلّ منه ودلّ.. ولكن سرعان ما يعيدني الاقتناع الراسخ في ضميري إلى التنبه بأن كلوفيس مقصود، أياً كان الشكل الذي يعرض فيه للفكرة الطارئة، لا يتوانى عن الغاية الأسمى التي يرمي إليها من خلال المقال حتى ولو لم يشر إليها في سطوره، إلا أنها بدون شك، واردة بين السطور..

لقد أراد من خلال احتفال سوق الغرب "تأكيد ما يبدو مستحيلاً في خضم السجالات" التي يطالعنا بها الطاقم السياسي في لبنان وقد أسقطوا من حساباتهم كل شعور بالمسؤولية تجاه الوطن والمواطنين. لقد أراد أن يطمئن اللبنانيين الذين أضناهم القلق على مصيرهم ومصير أولادهم، "حتى لا يتحول القلق خوفاً وشؤماً" كما يقول، وهنا يكمن بيت القصيد..

وبالمناسبة، تحضرني كلمة قلتها في كلوفيس مقصود منذ وقت ليس بقصير، خلاصتها أن مصداقيته فيما يكتب لا توازيها

مصداقية ذلك أنه منسجم ومتصالح مع نفسه في أغلب الأحيان.
أضف إلى ذلك رسوخ العقيدة في ذهنه وصلابة شعوره بالانتماء
إلى مجتمع أراد له الانتصار، مما جنبه الوقوع في أفخاخ الواقعية
التي استباحت كل المحرمات وتنازلت عن كل الحقوق باسم
الانفتاح والتغيير والقبول بالأمر الواقع..
غني عن كل الألقاب والأسماء..! لأنه الاستثناء...! لم تستهوِ
المناصب وقد احتلّ أعلاها.. في الأربعينات من القرن الماضي،
رافق كمال جنبلاط في تأسيس الحزب التقدمي الاشتراكي.. وفي
الخمسينات كان عضواً ناشطاً في لجان الاتصال والتنسيق من
أجل المصالحة الوطنية في أعقاب الحرب الأهلية اللبنانية عام
1958. وفي الستينات كان أول سفير لجامعة الدول العربية في
الهند في عهد آل نهرو وأنديرا غاندي.
وبين العامين 1967 و1969 عمل في هيئة تحرير جريدة الأهرام
المصرية ورئيساً لتحرير النهار الأسبوعي اللبناني في عهد الرئيس
الراحل جمال عبد الناصر. وفي أيلول من العام 1979 عين رئيساً
دائماً لبعثة جامعة الدول العربية لدى الأمم المتحدة. وقد استقال
من منصبه في الجامعة على أثر اجتياح العراق للكويت في آب
1990، لشعوره باستباحة كرامة الأمة..
إن تعدد المراكز والمواقع التي تبوأها كلوفيس مقصود، لم تزده إلا
تأكيداً وإصراراً على استمرار النضال من أجل الحق العربي الذي
تواجهه التحديات من كل صوب. ويكاد ينفرد، بما اكتسبه من
كمال جنبلاط وأنديرا غاندي وجمال عبد الناصر، بالصبر وطول
الأناة.. مدققاً في كل كلمة يستخدمها وواضحاً في كل موقف
يتخذه، ومستقيلاً متى كانت الاستقالة تعني كرامة الأمة..

من رحم هذه الخلاصة النادرة خرجت مصداقية كلوفيس مقصود في كتاباته وقد أسميتها "مصداقية الإلتزام"، وقد تلقاها القارىء العربي على صفحات "النهار" و"السفير" و"الشروق" والجزيرة" و"الجالية" وغيرها، حيث يبدو الكاتب هو هو أينما حلّ لأنه الصادق في قوله كما في فكره لا تجرفه الرياح ولا تتمكن منه الأعاصير..

بقي أن نقول أنه يضيف بعض القراء سبباً آخر لمصداقية كلوفيس مقصود في كتاباته وقد أسميتها "مصداقية الإفتراض"، ذلك أنه يفترض هؤلاء أنه طالما يقيم في واشنطن . عاصمة البيت الأبيض والقرار الدولي . فهو ولا شك أكثر من غيره معرفة في خبايا الأمور وخفاياها، وهذا يعزز مصداقيته فيما يكتب.. يضحك الصديق كلوفيس لدى سماعه بمصداقية الإفتراض (كما أسميتها)، فيرد على الفور مازحاً: "يزيدني هذا ثقة وسروراً ويمدني بنشاط متجدد للكتابة طالما أنني حزت على رضى كل الأفرقاء.."

أعود لأردد وأؤكد بأن مصداقية كلوفيس مقصود فيما يكتب، لا توازيها مصداقية.. فهو هو ذاته بين "الإلتزام" و"الإفتراض"، أكان في محيط البيت الأبيض في واشنطن أم في محيط "العمروسية" في بلدته الشويفات..

العلامة سماحة الشيخ محمد حسين فضل الله
في ذكرى الأربعين على رحيله..
نستحضره اليوم بما كان يؤمن ويبشر!

2010/9/29

العدل والمساواة بين الناس ممكنان لا بل ضروريان إذا كانا يتناولان الحقوق والواجبات المادية. إلا أنه من غير الممكن إطلاقاً إذا كان الأمر يتعلق بالمرتبة الصوفية والإشراق المعرفي اللذين تقاس بهما الروح الكامنة في الذات البشرية، وهنا يكمن الاختلاف بين البشر.. سماحة الشيخ محمد حسين فضل الله أو المرشد العلامة الذي غيبه القدر منذ أربعين يوماً، اتحد اسمه بالمرجعية الروحية، وكاد ينفرد بشخصية تعدت الحدود المعرفية العادية. فهو العالم المعلم والمفكر المرشد والمطالع المجتهد والحكيم المنفتح.

قضى المرشد العلامة عمراً حافلاً بالدراسات العلمية والاجتهادات الفقهية والإرشادات الاجتماعية، وكان مقصداً لكل طالب في الدين والفقه واللغة والسياسة والاجتماع وغيرها من دوائر المعارف.

سمي بالمرجع الروحي لأن رأيه كان نهائياً بالنسبة لمن يستمع إليه. فبالاضافة إلى عمق الفكر وسعة الاطلاع ودفء الصوت، كان صاحب وجه مضيء يوحي بالمحبة والثقة، وجه صبوح فيه غيه من

الجاذبية ما يشدك إلى أعلى ويربطك ربطاً وثيقاً بما يسمى خيط الأمل. ومن كانت هذه مزاياه، فهو يقترب من الأتقياء والأنبياء إذ ينعمون بفيض من الروحانية الراقية، وهذه ليست بشيء من حياة الانسان على الأرض الفانية..

في ربيع العام 2003، وفي أعقاب الحرب على العراق واحتلال الخليج العربي برمته من قبل الجيش الأميركي وحلفائه، خطر لي أن أقوم بزيارة سماحة الشيخ فضل الله للوقوف على رأيه بعد اجتياح العراق الذي أحدث زلزالاً انعكست آثاره على جميع المستويات السياسية والأمنية والاقتصادية المتصلة بقضايا المنطقة، وهو الذي كان له رأي معلن يقول: "في ضوء الأزمات التي تعصف بالأمة، ومنها الحرب الأميركية على العراق، لا بد من الاعتراف بأن لدينا مشكلة وإن كان البعض يرى غير ذلك.. أعتقد أن قيمة الأزمات أنها تستطيع أن تستنفر الواقع وتستفز الذين يفكرون بالتغيير.. وأن الانتصار على العدو يرتبط بقدر كبير بعملية إصلاح الذات ومواجهة عناصر التخلف والجهل الكامنة فينا.."

وكان لي ما أردت. فقد قام صديقنا الدكتور يوسف مروه بالاتصالات اللازمة مع أصدقاء له في بيروت لتسهيل المهمة والطلب إلى المعنيين بتحديد موعد لي قريب مع سماحته. فاستجابوا لطلبه وحدد الموعد بعد أسبوعين من تاريخه. فأعددت العدة للسفر وكنت سعيداً للغاية ذلك أنني سأعود من بيروت وفي جعبتي حديث مطول مع العلامة المرجع فضل الله سأخصص له صفحة كاملة في جريدة "المستقبل" التي كنت فيها آنذاك رئيساً للتحرير.

وقابلت صاحب السماحة في مكتبه حيث يضيق المكان بالزائرين المحتشدين في الصالونات والشرفات والحديقة وحتى في الشارع العام. وكنت قد استغربت وجود هذه الجموع من الناس وسألت المرافقين عن الخبر وعن سر هذه المظاهرة فأجابوا: "هذه هي الحالة كل يوم، طلبات ومراجعات واستفسارات." . فسألت بعفوية: وهل على السيد بالضرورة أن يهتم بجميع القضايا شخصياً؟ فأجاب أحدهم: "هذه إرادة سماحته، فهو يرغب في التحدث إلى أصحاب العلاقة مباشرة."

وباختصار، فقد أجريت معه حديثاً شيقاً. استغرقت المقابلة أكثر من ساعة مع العلم أن الوقت الذي كان مخصصاً لي هو عشر دقائق فقط. وقد ضج الحضور من طول الزيارة وأخذ المعاونون الذين يعملون في المكتب يدخلون ويخرجون ويهمسون في أذن السيد. وكان جوابه في كل مرة ابتسامة وهز بالرأس، إلى أن ضاق ذرعاً من مراجعاتهم فكان رده (بهدوء تام): "قولوا للأخوان بأن ضيفنا قادم من كندا ولا مجال للاختصار معه، فهل يرضى أحدهم بأن نقلل من واجبنا تجاه ضيفنا؟"

وبعد عودتي إلى كندا، فتحت جهاز التسجيل (وهو جهاز ديجيتال جديد لم أكن قد أستخدمته من قبل) فلم أجد فيه كلمة واحدة للسيد فضل الله أو لغيره. ففوجئت وعرفت أنني لم أجد استخدامه بالطريقة الصحيحة، وهكذا، وللأسف، أضعت كل ما اعتقدته مسجلاً من درر السيد أفكاراً وآراءً وتأملاتٍ..

في ذكرى الأربعين لغياب سماحة السيد فضل الله، نستحضره اليوم بما كان يؤمن ويبشّر: "الإيمان في مواجهة الإلحاد، والانسان المستضعف في مواجهة الانسان المستكبر، أي أن نلتقي جميعاً (إلى أي دين أو طائفة انتمينا) على أساس وحدة الله ووحدة الانسان، فلا يكون الانسان الموحد رباً للانسان، وهو ما يفعله المستكبرون.."

نعيم حميـدان..
الابتسامة الواعدة التي لا تغيب..

ألقيت هذه الكلمة في مجلس عزاء المغفور له نعيم حميدان يوم وداعه الأخير في مدينة ديربورن ـ ميشيغان في الولايات المتحدة الأميركية.

2011/1/25

اللهم أكرم علينا بنعمةِ العقل، لنستدلّ الطريق إليك ونتفيأ بنورك..

قدرنا الحزنُ والأسى إذ نودّعُ عزيزاً، شاء برحيله أن يتخذ إلى ربِّه مآباً.. غير أنني لن أُخضعَ لحواسيَ القاصرة تحسراً واستسلاماً! بل سأعلو على الحزنِ وألم الفراق وإن عزَّ عليَّ رحيله لأقول: هنيئاً لك حيثُ حللتَ يا نعيم في نعيم الله وجناته الواسعة..

لم يرحلْ طيفه،

وإن غابت ملامح ذلك الوجه الضحوك..

ولم تهدأ ثورته،

وإن توقف في صدره ضجيج السنوات..

ولم تغب إشراقته،
وهو الفاتح ذراعيه أبداً للحياة..

هكذا يعيش نعيم في ضميرنا
وفي ذكراه الماثلة أمامنا
وفي كل ما يضمر الحبيبْ
لأنه الابتسامة الواعدة التي لا تغيبْ..

ماذا أقول فيك
يا عزيزاً تشتاقك الفضيلة والمروءة..
إن أنت جالست الصغيرَ كما الكبير
والضعيفَ كما القوي..
وإن أنت سامرت الفقيرَ كما الغني..

قلبك، يا شهيدَ المحبة،
ما خفق يوماً بغير المحبة.
فاستحللتَ رحابته يا صديقي وأثقلتَ حمولته..
فهوى القلبُ المتعبُ
وقضى الله أمراً، كان لا بد منه
ولو بعد حين..
ماذا أقول، وقد خطفك الموتُ

164

وعثَر فيَّ اللسان..
فأنا ما جئت لأرثيك أو أبكيك،
بل لأؤكد لمحبيك:
إن آثارك، من شعر ولحن وأحلام،
وإن رحلتَ،
فهي باقية لتشهدَ عليك بأنك حيٌّ أبداً..

فمن عِلم وعمَلَ،
هذا يُدعى عظيماً في ملكوتِ السماوات.
وعظماءُ السماواتِ لا يموتون..

حتى أنت يا شيخ بطرس..؟

2011/1/30

منذ أسابيع قليلة، وقبل أن تتحول الحكومة في لبنان، من حكومة إجرائية إلى حكومة تصريف أعمال، تقدم الشيخ بطرس حرب . الوزير في الحكومة وعضو فريق 14 آذار السياسي . بمشروع قانون يقضي بمنع البيع العقاري بين المسلمين والمسيحيين في لبنان خوفاً من الخلل الديمغرافي على حد تعبيره وتبريره لتقديم هكذا قانون. وباختصار فإن مثل هذا القانون، إذا ما صدر، يمنع بيع الأموال العقارية من مسلم إلى مسيحي والعكس بالعكس. وتجدر الاشارة هنا، للتوضيح فقط، أن الشيخ بطرس هو من كبار المحامين المعروفين في لبنان قبل أن يكون وزيراً وقبل أن ينضم إلى فريق 14 آذار.

إن ما حدا بي إلى التطرق لمثل هذا الموضوع هو الاستغراب بأن يصدر مثل هذا الكلام عن بطرس حرب بالذات وهو المعروف بمواقفه الوطنية المعتدلة والمرشح الدائم لرئاسة الجمهورية اللبنانية، وصاحب التفسيرات القانونية المنطقية والاقتراحات التوفيقية بين مختلف الأفرقاء عندما تقضي الحاجة إلى ذلك. وإن كنت أنوه بمواقفه المعتدلة، فهذا لا يعني موافقتي على كل ما يقترحه أو يفكر

167

به، خاصة فيما يعني الكيان اللبناني الذي يكرر ذكره في كل مناسبة.

وقبل أن ندخل في التعليق على اقتراح مشروع القانون، دعونا نعترف للشيخ بطرس ولجميع المهتمين بمنهجية بيع الأراضي في لبنان بين المسيحيين والمسلمين بقصد المقايضة بينهم، أن الأمر يستدعي النظر لأنه يعمل على إفراغ المناطق الإسلامية من المسيحيين والمناطق المسيحية من المسلمين. ومما لا شك فيه أن أمراً كهذا هو بحاجة إلى إيجاد الحلول الملائمة ولكن بأساليب أقل ما يقال فيها "حضارية" وليس بالارتجال.

يقول الشيخ بطرس، في دفاع عن مشروعه، أن غاية القانون المقترح هو منع التموضع الطائفي الذي تسمح به الحالة القانونية الراهنة في حال استمرت عمليات البيع والشراء والمقايضة على النحو المنهجي، وفي هذا ما يهدد الكيان اللبناني بالزوال. أما نحن فنرى عكس ما يراه الشيخ بطرس، فإذا ما عرض الموضوع بهذا الاتجاه فإنه سيلقى الاعتراضات من كل صوب لأنه لا يتلاءم مع الدستور الذي يصون الحريات ومنها حرية التملك والتنقل داخل الأراضي اللبنانية، فضلاً عن إثارة الحساسيات الدينية وجعل كل فئة تتشدد في التمسك بحقوقها بحيث تتحرك غرائزها وعصبياتها في رفض كل القوانين وليس القانون المطروح وحسب.

إن عرض الموضوع بهذا الاتجاه هو تكريس للطائفية. ذلك أنه بمجرد اقتراح مشروع قانون من هذا النوع، ستعمل كل طائفة بالتكافل والتضامن على رفضه ومواجهته. وبمعنى آخر سترص الصفوف داخل كل طائفة لتنفيذ خطتها وسيطلق عليها اسم كانتون بدلاً من اسم طائفة، الأمر الذي يتخوف منه الشيخ بطرس.

أما إذا تم إقرار القانون ووضع موضع التنفيذ، سيعمل الأفرقاء على التحايل عليه، كما في كل المجالات، باللجوء إلى المؤسسات الدينية والمراجع الروحية والسياسية. ومثل هذا سيخلق نوعاً جديداً من الاصطفاف الطائفي الذي ينتقده بطرس حرب باستمرار.

كل هذا ليس بالتحليل الدقيق ولا بالرد المناسب على الاقتراح "الوطني" الذي تقدم به الشيخ بطرس، إذ لا نزال تحت تأثير الدهشة والاستغراب من الابتكارات المتكررة التي "يقترفها" رجال السياسة في بلاد الحرية والديمقراطية والتي تهدف بمجملها إلى الحفاظ على "الكيان".

كنا ننتظر من الشيخ بطرس، لو كان جاداً فيما يقول، أن يعرض الموضوع على مجموعة من المفكرين في لبنان للتباحث فيما بينهم واقتراح الحلول الناجعة للقضاء على منهجية المقايضة بالأراضي، بالقضاء على آفة الطائفية المستعصية من جذورها، بدءاً من إلغاء الطائفية السياسية التي يختبىء وراءها أهل النظام في لبنان. إن الحفاظ على الكيان، كما يرغب الشيخ بطرس، لا ولن يكون باقتراح مشروع طائفي جديد يضاف إلى مجموعة القوانين الطائفية المرعية لأنه يساعد على الفرز الطائفي، بل باستحداث مشروع وطني متكامل يضم بين دفتيه قانوناً مدنياً عصرياً يلغي كل الاشكالات العالقة ويمهد لقيام دولة عصرية تتفاعل مع محيطها القومي في إطار حفظ الحريات العامة والخاصة والعيش الواحد (وليس العيش المشترك).

نقول ختاماً لهذا التعليق السريع، إننا نواجه إفلاساً فكرياً وإيديولوجياً فيما يأتي به معظم السياسيين في لبنان. فإذا كانت القوانين المرعية تسمح للمواطن اللبناني اقتراح مشاريع القوانين كيفياً، كما

فعل الشيخ بطرس حرب، فهناك من يرغب في اقتراح مذكرة بحق معظم السياسيين وتوقيفهم على ذمة التحقيق.. فهل يتم له ذلك..؟ ولو.. حتى أنت يا شيخ بطرس..؟

ليلى البندقجي.. رحلت بدون استئذان..

2011/10/29

إيمانها..

أمل واستشراق للباري تعالى.

غرامها..

حب وعطف وتسمح.

هاجسها..

تغليب العقل على الحواس القاصرة.

حلمها..

أن تعبر المحيطات بدون جواز سفر.

دافعها..

رفعة الانسان.. أي إنسان.

شرقية السمات والهوى.

عربية المنشأ والهوية.

وعنوانها راية القضية..

إنها ليلى البندقجي.. فقيدة الجالية العربية،
التي رحلت بالأمس بدون استئذان..

ماذا أقول في سيدة ندر مثالها،
وقد تعثر في رحيلها المفاجىء الكلام؟
ماذا أقول في سيدة مؤمنة فاضلة،
تعدت بصلابتها حدود الزمان..

واجهتها حالات من اليأس
أقساها
وأمواج من التحدي
أعتاها
لكنها أدارت ظهرها غياً
ورفضت الانصياع والركوع..
فمن يمشي في ركاب المؤمنين المبشرين
لا يستسلم للخضوع..

كانت تخاف الموت وليس من الموت،
بل خوفاً على طفل ترضعه
عطفاً وكبرياء..

فكيف ينمو بغير ظلها..
وكيف يحلم بغير دفئها..؟

إنها الصوت والصدى وشذا الحقول والندى..
إنها نغم الآهات مبشراً بإشراقة الغد الواعدة..
سوف تدور الأيام لا محال
فنعلم علم اليقين، بأن ليلى لم تغب، بل هي حاضرة أبداً،
في حضور الناشئة العربية والأجيال..

ترحل ليلى اليوم وفي صدرها ألف غصة على مشاريع لم تستكملها وأعمال لم تنجزها..
على طموحات خائقة لم تبصر النور..
وكأن الموت اختطفها إلى عالم لا تقيم فيه الأحلام..
يقيننا أنها تحولت إلى حلم يتراءى لكل مؤمن طموح عامل بندائها وتوصياتها من أجل جالية متماسكة في المجتمع الجديد..!

173

مكرم سعد.. العاشق للحقيقة..

2012/5/25

كمن دقتْ ساعتُهُ على غفلةٍ من العمر
لتنذرَ باقترابِ موعدِ الرحيل..
فراح يسرّعُ في سيرِه الخطواتْ
ويُخرجُ من صدرِه الآهاتْ..
نفثاتٍ عابقة
وخفقاتٍ خانقة
عله إذا ما تسنّى له الإفصاحُ بما عَلِمَ ولم يعملْ
طوالَ سنواتٍ..
هدأتْ لديه الروحُ واستسلمتْ لربّها مطمئنّة
راضية مرضية..

مكرم سعد، الذي عرفتُهُ منذ عديدٍ من السنواتْ..
كان الرجلَ المحصنَ بقيم ذلك الماضي الجميلْ

175

مولعاً بما يُنتجُهُ صدقُ اللسانْ
وعاشقاً للحق لا البهتانْ..

فكأنه الشيخُ العالمُ منذ الأزلْ
وقد تشابهتْ في سنيّ عمرِهِ عقودُ الحياة
قولاً ونهجاً،
نضجاً وإقداماً..
واثقُ الخطوةِ لا يعرف إحجاماً، بل مردداً:
هذا أنا يا دنيا، فإذا شئتِ فاذهبي!

فلا الترهيبُ أعاقَه ولا الصمتُ الجبانْ..
سارَ على هدي رؤى المعلمِ الفادي
فاستقامتْ له العزةُ في كبريائِها..
وشرَّعَتْ في صدرِهِ العزيمة
حقاً وأملاً بالارتقاءْ..
فعرفَ أنه القضاءُ والقدرُ وليسَ غيرَه من خيارْ
إذ لم تستكنْ ذاتُهُ لخيبةٍ أو هزيمةْ
وإنه على موعدٍ مع الانتصارْ..
هكذا مشى دربَه إلى الإشراقْ.
فعَرفَ وجهَ المسارْ..

يا أبا مازن.. وقد أحنى ظهرَكَ العشقُ والهوى..
إن عشقَ الحقيقةِ لقاتلٌ..
يا من عرفتَ الحياة وكنتَ فيها مذهولاً..
كيف يحيا في حناياها جاهلٌ..

أضناكَ المكرُ والقصورْ
وما جرَّه غدرُ الزمانِ والفجورْ
على أمةٍ "نامتْ نواطيرُها"
وأبيحتْ للغاصبين عناقيدُها..
وإذ أدرتَ الرأسَ غضباً لتعلنَ التنحي مُرغَماً
فاهنأ بمنْ حولِك من مؤمنين غاضبين..

سامي مكارم.. المسافر إلى روح التوحيد..!

الأول من تشرين الأول 2012

نورد هذه الكلمات المتواضعة في ذكرى الأربعين على رحيل المفكر والفيلسوف الدكتور سامي مكارم، المنتقل إلى رحمته تعالى بتاريخ 21 آب 2012.

***

عرفته عالماً، وعرفته معلماً، ولم يجزمْ يوماً بما كان يعلمُ.. وكأن في كشفه لأسرار الكون القدسية طوال سنيّ حياته المعرفية ورحلاته التنزيهية، ما يسقط "الأنا" الشخصانية في هاوية الباطل ومستنقعات العدم، فتطمئن الروح وتحدّث بما تأتيه.. بنعمة ربها.

عزَمَ العلامة الدكتور سامي مكارم على الرحيل بدون سابق إنذار . هو سامي مكارم "فيلسوف المتصوّفين الموحدين أو متصوف الموحدين الفلاسفة" كما عرّف به الباحث والمؤرخ الدكتور صالح زهر الدين، أستاذ التاريخ في الجامعة اللبنانية..

أهل رحل من "تسامت" روحه بالـ "مكارم" . وهو المتصالح مع "اسمه والكنية" . لأنه ضاق ذرعاً بما آلت إليه النفوس التائهة في بحر الظلام، وبما تأتيه في فجورها من عصيّة ونكران..؟

أهل اختار صديقنا الهروبَ من متاع الجسد ومقتنياته الدنيوية حيث الانصرافُ عن نور الهداية وجمال الأزلية، والانبهارُ بمفاتن الحضارة الوهمية التي لا تُشبع ولا تُروي..؟

أهل اختارت روحه سبيلاً باتجاه العقل الأرفع في رحلة واثقة، زادُها الإيمان والاطمئنان، للبحث عن ملاذ المنتهى بجوار رب الابداع والتكوين..؟ علها بما أوتيت من تهذيب عقلانيَ وسلوك عرفاني، أدركت روح التوحيد في أبديتها وخلودها..

وحدهم الموحدون البالغون سرَّ العرفان والتوحيد، من أي مذهب أو دين، يؤتوْن الحكمة، *"ومن يؤتى الحكمة فقد أوتيَ خيراً كثيراً"* . لهم في السماوات كما في الأرض إن هم علِموا وعمَلوا.. فهؤلاء قد أدركوا أن حدائق التوحيد ليست لقاصدها منالاً سهلاً، وإن كانت تتسع أبوابُها للعالِمين والعامِلين بشوق إلى ثمارها العذبة التي تقطر حباً وصفاءً..

هنيئاً لمن عرَفَ وعرَّفَ، ولمن شاهدَ واستأنسَ، ولمن علِمَ وعمِلَ، ولمن تبلّغَ وبلّغَ، ولمن تأمّلَ واعتبرَ.. هنيئاً لمن تذوق جمال الله المتجلي في كل نسمة من نسائم الحياة، وفي كل قطرة من مياه

الأنهر والبحار، وفي كل ضياء مهما صغرَ، وفي كل جرم مهما كبُرَ، وفي كل ما اكتنفه من أجسامٍ، سرُّ الوجود..

فالوجود بمن فيه وما فيه، ليس سوى مظهرٍ واحدٍ متكاملٍ للواحد الأحد وإن تعددت أشكاله وألوانه. وبتعبير آخر، كما علمنا إياه الدكتور سامي مكارم: "الوجود هو بدوٌّ من الله" أي ما بدا منه أو ما ظهرَ عنه.. فهو يتعدى المنظور فيما يشرح إلى ما وراء المنظور مؤكداً، بما أُوتي من اتساع في المعرفة ونفاذ في الرؤية، أن اقتران هذه الحقيقة بمعتقد التوحيد من حيث هو مسلك عرفاني نحو المرتجى الأسمى في أزليته، هو ما يؤدي إلى "التحقق في الواحد الأحد"..

سيفتقدك كثيرون أيها العلامة الجليل المسافرُ ولكن.. لن يعترضَ على مشيئته تعالى أحدٌ.. فأنعِم حيث أنت بدفء الله وروح التوحيد.

يوم توقيع كتاب "سقوط الجمهورية"

قلت في مقدمة كتابي "سقوط الجمهورية" إنني لم أكشفْ سراً كان مغموراً عندما اخترت عنوان الكتاب.. ولم استخدمه للتعبير عن الإحباط أو خيبة لأمل بل للتنبيه والدعوة إلى وجوب تضافر الجهود في مواجهة الانحلال.. وإجراء ما يلزم من تدابير وقائية ممكنة قبل فوات الأوان، ذلك أن الوطن الذي لا مكان فيه لأحلام أبنائه، هو بحكم الواقع مصاب بالعقم والشلل، وإن لم يسقط بعد، إلا أنه مهدد بالسقوط في أي وقت..!

إن المصدر اللغوي لكلمة "الجمهورية" هو فعل جمهرَ. و"الجمهورية"، في تحديدها العلمي والقانوني، هي الدولة التي تُنتقى أركانُها من قبل جمهورها (وليس جماهيرها) بالانتخاب وليس بالتوارث. وكانت تستخدم كلمة "الجمهورية" من قبل دول العالم ولا تزال، للدلالة على حداثة الدولة وتحررها من قيود الاقطاع والطائفية.. من هنا كانت الجمهورية نقيضاً جوهرياً لما هو عليه لبنان وسائر الدول العربية حيث تحكمها الأنظمة الإقطاعية والطائفية. فالمسماة جمهورية، هي ساقطة بتركيبتها الأساسية لأنها تتنافى مع المدلول القانوني والانساني الذي يعني نظاماً ديمقراطياً يقوم على أساس العدل والمساواة بين المواطنين. وللأسف أن النظام الذي يحكم به لبنان ليس بالمواصفات التي ذكرنا،.. فلكل طائفةٍ فيه مسار ومصير.. ولكل حزبٍ جمهور ومحازبون..

وعلى كل مواطن حرٍ أن ينحني.. فإما للموت البطيء على أرض الوطن وإما للرحيل..

المشهد ـ المأساة يتكرر في سورية ويتكرر في العراق وفي فلسطين.. وفي غيرها من البلدان العربية. لقد تحول الشعب الواحد أو جمهور الأمة الواحدة إلى جماهير متعددة، لا تعايش بينها سوى في الخطب والشعارات.. فكيف بعد تفاقم الأزمات والصدامات وتوالي النكبات التي تبدو بظاهرها سياسية.. وهي في باطنها طائفية..؟"

وفي إشارة إلى تغيب الدكتور كلوفيس مقصود عن الاحتفال لأسباب صحية، يسرني في هذه الفسحة أن أحيي الأخ الأوفى والصديق الأصدق سعادة السفير الدكتور كلوفيس مقصود، الذي كان من المقرر أن يشرفنا بحضوره إلى هذا اللقاء، وأن أتمنى له الشفاء العاجل. فرغم الوعكة الصحية التي ألمت به وحالت دون انتقاله من واشنطن إلى تورنتو، فقد حبس أنفاسه ليكتب بعضاً من كلمات علها تعبّر عن مشاعره في هذه المناسبة.. سأكتفي بقراءة فقرة منها وهي بالنسبة لي وثيقة شرف واعتزاز..

يقول الدكتور مقصود:

"سقوط الجمهورية" عنوانٌ صدمني في البداية لكون كلمة "سقوط" تنطوي على نتيجة محسومة لا نريدها لجمهوريتنا اللبنانية، لا بل علينا أن نواجه كل التحديات إذا كان الوطن فعلاً يتجه إلى السقوط.. وكانت ردة فعلي الفورية أن أصارح الصديق خالد حميدان بذلك عله يختار عنواناً آخر لكتابه.. ولكن ما كدت أقرأ ما

ورد في الكتاب حتى أدركت الدافع لهذا العنوان المثير للجدل، وعرفت أن ما يعنيه المؤلف في "السقوط" يشير إلى قناعة راسخة أن لبنان بالأصل، ليس "جمهورية" بالمفهوم القانوني الدقيق بحيث يعمل النظام لصالح المواطنين في تأمين حقهم وأمنهم. فالإتجاه العام المعمول به في لبنان هو نظام يعمل لدسترة مصالح أمراء الطوائف المتعددة، بدلاً من نظام يرسخ المواطنة التي تحتفل بتنوع الأعراف والطوائف.. وهنا كان لا بد لي من أن أوافق خالد الرأي بعدما زالت الصدمة لأقول، إن "سقوط الجمهورية" هو أفضل عنوان يمكن لهذا الكتاب أن يحمله.."

كنا ننتظر، على امتداد ثمانين عاماً من الاستقلال، أن يخرج لبنان من مستنقعات التبعية والطائفية التي خلفتها مراحل الانتداب والاستعمار ليعبر إلى الدولة العلمانية ويقيم المواثيق المدنية بدلاً من المواثيق المذهبية التي استمرت في تكبيل المواطن بقيودها الخانقة حتى وصلنا إلى ما وصلنا إليه اليوم من تشنجات وانحرافات صرفتنا عن الوطن.

وإن قيام الدولة المدنية العلمانية، لا يعني مطلقاً نصب العداء للأديان السماوية أو إقصاء المؤسسات الدينية عن دورها الإرشادي والروحي. وإنما قيام دولة قوية متحررة من نفوذ الأمراء الطوائفيين وحاضنة لجميع الأديان والطوائف."

بقي أن نعوِّلَ على شباب وشابات لبنان ومؤسسات المجتمع المدني الذين ينتفضون اليوم لإسقاط النظام الطائفي، والتأكيد على الرغبة الصادقة في بناء الدولة العلمانية المدنية القادرة على إدارة شؤون

البلاد وتثبيت "الجمهورية".. الواجب يدعونا جميعاً، مقيمين ومغتربين، إلى إعادة النظر بما يرضي الضمير، لإيجاد المخارج الناجعة التي تنقذ لبنان وتعيد له المناعة المفقودة، وليس في النهاية ما يبررتقصيرنا أو فشلنا ومن ثم استسلامنا للأمر الواقع..!

هلا سألنا أنفسنا ماذا ينتظرنا عندما تسقط الجمهورية..؟

الفهرس

المؤلف: محطات إعلامية واجتماعية

النشاطات الإعلامية:

- مؤسس ورئيس المركز الاستشاري للإعلام
- ناشر ورئيس تحرير مجلة "أضواء"
- ناشر ورئيس تحرير جريدة "الجالية" (2005 – 2015)

النشاطات الاجتماعية:

- عضو مركز الجالية العربية الكندية في تورنتو
- عضو مؤسس لجامعة اللبنانيين الكنديين
- عضو الاتحاد العالمي للمؤلفين باللغة العربية – فرع كندا
- رئيس سابق لمجلس الصحافة الاثنية في كندا
- رئيس سابق لرابطة الإعلاميين العرب في كندا
- مؤسس ورئيس مركز التراث العربي في كندا
- مؤسس ورئيس المهرجان الكندي المتعدد الثقافات
- مؤسس ورئيس رابطة المؤلفين العرب في كندا

الجوائز التقديرية:

- رئاسة الحكومة الكندية الفدرالية
- رئاسة حكومة أونتاريو
- بلدية تورنتو الكبرى
- مركز الجالية العربية في تورنتو
- مجلس الصحافة الإثنية في كندا
- الجمعية الدرزية الكندية في أونتاريو
- رابطة المسلمين التقدميين في كندا
- رابطة الأطباء العرب في شمال أميركا
- الإتحاد العالمي للمؤلفين باللغة العربية
- جمعية "علم إنسان بلا حدود" – لبنان

صدر للمؤلف

- كتاب "الأبله الحكيم"
الطبعة الأولى (1974) الطبعة الثانية (2009)
الطبعة الثالثة (2011)

- كتاب "أصداء وأضواء" (1978)

- كتاب "كلمات بلا حواجز"
الطبعة الأولى (2009) الطبعة الثانية (2011)

- كتاب "أوراق حائرة"
الطبعة الأولى (2009) الطبعة الثانية (2012)

- كتاب "بيت التوحيد بيت العرب"
الطبعة الأولى (2009) الطبعة الثانية (2022)

- كتاب "الوصايا العشر"
الطبعة الأولى (2011) الطبعة الثانية (2013)
الطبعة الثالثة (2022)

- كتاب "سقوط الجمهورية" (2013)

- كتاب "أقلام صادقة" (2014)

- كتاب يوسف مروه ـ
"التبادل الثقافي بين الشرق والغرب" (2019)

- كتاب سعيد تقي الدين ـ
"الفكر الحاضر المغيّب" (2020)

- كتاب "إضاءات" (2021)

- كتاب "وجهة سير" (2022)